Berenice de Almeida

Encontros musicais

Pensar e fazer música na sala de aula

Editora Melhoramentos

Almeida, Berenice de
 Encontros musicais: pensar e fazer música na sala de aula / Berenice de Almeida. – São Paulo : Editora Melhoramentos, 2009.

ISBN 978-85-06-05993-7

1. Educação musical – Ensino 2. Apreciação musical. I. Título.

CDD-780.7

Índices para catálogo sistemático:

1. Educação musical   780.7
2. Apreciação musical   780.1
3. Composição musical   780.7
4. Execução musical   780.7

Berenice de Almeida é educadora musical, pianista e escritora. Publicou, com Magda Pucci, o livro *Outras Terras, Outros Sons*, pela Editora Callis, em setembro de 2003. É formada em Educação Artística com habilitação em Música pela Escola de Comunicações e Artes da Universidade de São Paulo. Atualmente, coordena a área de Música, desenvolve a iniciação musical em grupos de crianças e adolescentes e leciona piano na Escola Municipal de Iniciação Artística (EMIA), da Secretaria Municipal de Cultura. Além disso, ministra cursos e workshops para educadores musicais em diversas instituições educacionais e presta assessoria pedagógica a várias escolas de São Paulo.

Obra conforme o Acordo Ortográfico da Língua Portuguesa

Capa: Estúdio Bogari
Projeto gráfico e diagramação: WAP Studio
© 2009 Berenice de Almeida

Direitos de publicação:
© 2009 Editora Melhoramentos Ltda.

1.ª edição, 2.ª impressão, outubro de 2011
ISBN: 978-85-06-05993-7

Atendimento ao consumidor:
Caixa Postal 11541 – CEP 05049-970
São Paulo – SP – Brasil
Tel.: (11) 3874-0880
www.editoramelhoramentos.com.br
sac@melhoramentos.com.br

Impresso no Brasil

Dedico este trabalho...

...aos meus pais, Américo (*in memoriam*)
e Inês, que desde o início me ensinaram
a ficar maravilhada diante da Música...

...ao Cláudio, à Laura e ao Arthur,
sempre ao meu lado...

...e aos meus alunos, com os quais aprendo
tanto e que continuam sempre a me deslumbrar.

Agradeço a amizade e a colaboração tão preciosa
da Maristela Loureiro e da Márcia Lágua.

Agradeço...

...à Silvia Chiarelli, à Regina Varanda e a todas as
professoras da Escola Alecrim, que, sem dúvida,
foram o estímulo inicial para a construção do meu
trabalho com formação de professores;

...e ao Paulo, ao Nilton, à Lia e à Priscila,
que acreditaram e me ajudaram a viabilizar o
"Fax Musical", a verdadeira origem deste livro.

SUMÁRIO

Apresentação 9
O Fazer e a Apreciação Musical 14
Apreciação Musical – Módulo I: OUVIR 17
   I. Percepção do som e seus parâmetros 17
      1. O caminho sonoro 20
      2. Caixa-surpresa 23
      3. O som em movimento 27
      4. Passeio sonoro 31
      5. A orquestra de papéis 34
      6. Postes sonoros 37
      7. Timbre 41
      8. Cabra-cega mas não surda 45
      9. Descubra seu par 48
      10. Roda em família 51
      11. Sonorização de histórias 54
      12. Altura 59
      13. Willems 63
      14. Toca do coelho 69
      15. Painel das alturas 73
      16. Ouça, perceba e corra 78
      17. Intensidade 82
      18. Painel de intensidades 86
      19. Ouvindo com o corpo 90
      20. Duração 93
      21. Oficina de bonecos 97

II. Escuta ativa 101
   1. Ouvindo MPB – 1 103
   2. Ouvindo MPB – 2 109
   3. Ouvindo MPB – 3 113
   4. Ouvindo MPB – 4 118
   5. Ouvindo músicas de outros povos................122
   6. Ouvindo música erudita.......................................126

Fazer Musical – Módulo II: CANTAR 132
   A canção...138
   1. Sambalelê..144
   2. O trem de ferro..149
   3. O pastorzinho..154
   4. Garibaldi foi à missa..161
   5. Minha canção..164
   6. O relógio..170
   7. A noite no castelo..174
   8. Canto do povo de um lugar.........................178
   9. Samba de Maria Luiza.....................................183
   10. Peixinhos do mar..187
   11. Allunde, alluya..193
   12. Tamota..202
   13. Brincadeiras de roda 1 – Pai Francisco......207
   14. Brincadeiras de roda 2 – Pai Francisco......214
   15. Brincadeiras de roda 3 – Roda, pião........218
   16. Brincadeiras de roda 4 – Roda, pião........225

Fazer Musical – Módulo III: TOCAR 229
   1. Tocando em grupo – 1 233
   2. Tocando em grupo – 2 241
   3. Tocando em grupo – 3 248
   4. Construindo instrumentos musicais – 1 –
   O fenômeno sonoro 254
   5. Construindo instrumentos musicais – 2 –
   A vibração e propagação do som 260
   6. Construindo instrumentos musicais – 3 –
   Classificação 265
   7. Construindo instrumentos musicais – 4 –
   Idiofones 272
   8. Construindo instrumentos musicais – 5 –
   Idiofones 277
   9. Construindo instrumentos musicais – 6 –
   Membranofones 281
   10. Construindo instrumentos musicais – 7 –
   Cordofones 286
   11. Construindo instrumentos musicais – 8 –
   Aerofones 291
   12. Construindo instrumentos musicais – 9 –
   Fazer música 295

Glossário 300

Bibliografia 303

APRESENTAÇÃO

A ideia de transformar em livro a minha experiência musical com crianças surgiu após vários anos de trabalho com educadores musicais. Alguns deles tinham formação musical e estavam iniciando sua prática pedagógica; outros não possuíam formação específica na área, mas tinham a música como uma das possibilidades de trabalho no seu contexto educativo, tanto em escolas públicas como em escolas particulares. As inquietações e indagações sempre eram as mesmas: O que propor? Como propor? Por onde começar? O que priorizar em meio a tantos conteúdos musicais?

Esse anseio por estratégias, atividades, enfim, formas de como fazer música com crianças, é normal em quem está iniciando seu percurso como educador ou mesmo naqueles que não têm uma formação específica na linguagem musical. No entanto, é essencial que, antes de "colecionar" atividades, o professor se pergunte o que pretende com a música na escola. Que tipo de relação quer despertar entre as crianças e a linguagem musical? O que significa aprender música?

Nos PCNs[1] existe uma orientação que pauta o conhecimento na área de artes dentro do tripé **fazer, fruir** e **refletir**, que são norteadores significativos para o ensino da música na escola. "(...) a experiência de fazer formas artísticas, (...) de fruir formas artísticas (...) e de refletir sobre a arte como objeto de conhecimento (...)"[2]

Ao proporcionar um espaço de sensibilização, de manuseio e de construção de possibilidades de expressão e comunicação, o nosso objetivo como educadores é dar condições para que as crianças entrem em contato e se apropriem da linguagem musical.

É também nosso propósito promover um espaço no qual a criança, aos poucos e a seu tempo, construa suas próprias ferramentas e, efetivamente, as utilize na sua expressão e comunicação sonora e musical, em um processo contínuo e progressivamente mais elaborado.

A partir da consciência e da constante reflexão sobre o seu papel de educador e seus objetivos, a escolha do que e como fazer torna-se mais tranquila e significativa.

---

[1] Os PCNs (Parâmetros Curriculares Nacionais) foram publicados pelo Ministério da Educação e do Desporto – Secretaria da Educação em 1998 como referencial curricular da educação infantil até o ensino médio.
[2] PCN – Educação Infantil – Crianças de 4 a 6 anos.

Com a intenção de compartilhar a minha experiência de sala de aula, apontando algumas ideias e possibilidades, organizei diversas atividades desenvolvidas com grupos de crianças, ao longo do meu trajeto educacional. As propostas sugeridas aqui não devem ser utilizadas como um "caderno de receitas", aula por aula, cronologicamente, passo a passo, etapa por etapa. Cada contexto educativo é único, e o educador, a partir dos princípios que fundamentam sua prática, atento à sua realidade, deve adaptar os procedimentos, as estratégias, as propostas.

Essa flexibilidade do educador exige sensibilidade, conquistada através da reflexão permanente sobre a sua prática pedagógica.

É importante que o professor analise as propostas aqui organizadas, pois aplicá-las como as propus, sem considerar o contexto educador-aluno, é desconsiderar a singularidade de cada situação educativa: Quem são essas crianças? Quantas são? Que lugar é esse? Qual é o momento do processo musical do grupo?

Outro aspecto relacionado à atitude do educador diz respeito ao que emerge de cada situação. Estar atento e aberto para aproveitar as oportunidades de cada momento exige uma postura flexível diante do inesperado, como uma palavra, um comentário, um som feito por uma criança. Dessa maneira, esse educador pode trazer para o grupo e para o desenvolvimento do trabalho possibilidades musicais mais significativas do que as planejadas inicialmente.

Esta postura remete a uma pedagogia musical aberta[3], que tem propostas planejadas e claras, mas não se fecha ao que emerge do momento único da aula e às sugestões trazidas pelos alunos; pelo contrário, o educador está sempre atento a enriquecer o processo educativo e musical do grupo com o inesperado.

Uma última reflexão que gostaria de destacar é o que considero a essência de todo processo educativo, seja com música ou qualquer área do conhecimento humano: a relação professor-aluno. Além de dominar a matéria que pretende ensinar, o professor tem que ser um verdadeiro apaixonado pelo conhecimento, pelo aprendizado em si mesmo e, no caso, pela música. Porém, antes disso tudo, tem que ser verdadeiramente apaixonado pelo ser humano.

---

[3] Leia mais a respeito de pedagogia musical aberta e modelo artístico de educação musical no artigo "Apertura, Identidad y Musicalización – Bases para uma Educación Musical Latinoamericana" – FLADEM, 2009 – Compilação de Artigos e Comentários de Alejandro Simonovich.

Lembrando palavras de Jorge Albuquerque Vieira[4], Teca Alencar de Brito[5] citou, em uma palestra[6], que o educador precisa preencher três condições: "ter competência na sua área específica, gostar do que faz, isto é, não basta ter domínio e competência, mas também é preciso ser um apaixonado pela área do conhecimento que escolheu, e **gostar de gente**".

É uma afirmação simples, mas uma reflexão de suma importância para o educador que realmente pretende fazer do seu dia a dia um caminho verdadeiro e significativo.

---

4 É professor no Programa de Estudos Pós-Graduados em Comunicação e Semiótica da PUC-SP. Atualmente, também leciona na COMFIL/PUC-SP, e na Faculdade Angel Vianna / RJ. Tem voltado suas pesquisas para a interseção entre a Semiótica e a Ontologia Sistêmica.
5 Teca Alencar de Brito é doutora e mestre em Comunicação e Semiótica (PUC-SP) e professora no curso de Licenciatura no Departamento de Música da USP-SP. Criou, em 1984, a TECA-Oficina de Música, núcleo de educação musical voltado à formação de crianças, adolescentes, adultos e educadores.
6 Palestra proferida no Ciclo de Encontros "MÚSICA/EDUCAÇÃO/EDUCAÇÃO MUSICAL/QUE JOGO É ESSE?", organizado pelo FLADEM-BRASIL e USP – ECA – Departamento de Música, em 26 de setembro de 2009, em São Paulo.

O FAZER E A APRECIAÇÃO MUSICAL

As atividades aqui propostas estão organizadas em três módulos de trabalho: OUVIR, CANTAR E TOCAR. O contato do homem com a música acontece somente de duas maneiras: na produção e na apreciação musical, isto é, fazendo música – cantando ou tocando – ou ouvindo música.

Podemos produzir música, seja cantando ou tocando, reproduzindo algo já criado ou realizando a nossa própria criação musical. É importante que, desde os primeiros contatos com a linguagem musical, o professor planeje atividades e situações que promovam um equilíbrio entre essas duas possibilidades do fazer musical. Não é preciso esperar que os alunos tenham muito tempo de estudo para desenvolver o processo criativo, pois, após anos focados somente na reprodução, provavelmente eles não terão a curiosidade, a ousadia e o impulso criador necessários para se lançar nesse desafio.

A apreciação musical está relacionada a dois campos de ação: a percepção da matéria-prima da linguagem musical – o som e o silêncio – e a percepção das suas estruturas – sintaxe e conhecimento das manifestações musicais nas diversas culturas e períodos históricos.

A percepção do som tem como objetivo sensibilizar a criança para o fenômeno sonoro em si e desenvolver uma escuta mais ativa. A percepção das estruturas está relacionada à música como linguagem, com uma sintaxe própria e inserida em um contexto histórico e social, e tem como objetivo a fruição da obra musical, através de uma escuta desenvolvida e apurada.

O módulo OUVIR se refere ao eixo de apreciação musical. E os módulos CANTAR E TOCAR são atividades de produção musical.

Sugerimos que o professor planeje suas aulas procurando equilibrar as atividades entre esses três módulos. Vale lembrar que as propostas oferecidas aqui não estão organizadas para que sejam utilizadas passo a passo e exatamente como as descrevemos. A nossa intenção é que elas sejam aproveitadas como ideias a serem adaptadas ao contexto educativo de cada professor. O mais importante é que se entenda o princípio da atividade e os elementos musicais a serem desenvolvidos, para que, deste modo, o educador possa criar variações ou mesmo outras atividades que sejam mais significativas ao seu grupo.

Esperamos que, cantando, tocando e ouvindo música, juntos, professor e alunos transformem, verdadeiramente, a aula de música em um momento significativo de aprendizado.

APRECIAÇÃO MUSICAL – MÓDULO I: OUVIR

I. PERCEPÇÃO DO SOM E SEUS PARÂMETROS

Este primeiro bloco do Módulo OUVIR é dedicado à parte mais material da música, isto é, do seu elemento primeiro: o som. "SOM é tudo que soa! Tudo que o ouvido percebe sob a forma de movimentos vibratórios"[7], define Teca Alencar de Brito. E continua discorrendo: "Os sons que nos cercam são expressões da vida, da energia, do universo em movimento e indicam situações, ambientes, paisagens sonoras (...) E o silêncio? Entendemos por silêncio a ausência de som, mas, na verdade, a ele correspondem os sons que já não podemos ouvir, ou seja, as vibrações que o nosso ouvido não percebe como uma onda, seja porque têm um movimento muito lento, seja porque são muito rápidas. Tudo vibra, em permanente movimento, mas nem toda vibração se transforma em som para nossos ouvidos!"[8].

---

[7] BRITO, Teca Alencar de. *Música na Educação Infantil*. São Paulo: Peirópolis, 2003.
[8] Idem.

Um dos objetivos da educação musical é estimular, aguçar a percepção auditiva e aprofundar o conhecimento auditivo do entorno sonoro das crianças. Como diz Violeta Gainza, "o ouvido é a porta de entrada, o que presencia e controla a música que é absorvida. Por isso, deixá-lo sensível, sutil, inteligente, criativo é a melhor garantia de uma boa educação musical"[9].

Para o desenvolvimento deste trabalho é interessante que o professor diversifique as fontes sonoras, utilizando objetos do dia a dia, brinquedos, instrumentos musicais, não se esquecendo dos sons da natureza, da voz e dos sons corporais.

Atividades de imitação, identificação, comparação, classificação dos mais variados sons devem fazer parte da rotina, enfocando os parâmetros sonoros[10] de acordo com a faixa etária.

A percepção dos parâmetros sonoros deve ser desenvolvida, inicialmente, por meio de uma vivência ampla e corporal e, depois, com um trabalho específico de cada parâmetro. O timbre, a característica do som por meio do qual identificamos a fonte sonora, é geralmente o primeiro elemento

---

9 GAINZA, Violeta Hemsy de. *Pedagogia Musical*. Buenos Aires: Lúmen, 2002.
10 Parâmetros sonoros são os elementos fundamentais ou as propriedades do som: timbre, duração, altura e intensidade.

a ser enfocado. Em relação aos outros, é adequado iniciar o trabalho pela percepção dos contrastes: forte/fraco (intensidade), grave/agudo (altura), curto/longo (duração)[11].

Em relação à postura do professor, é importante que ele planeje atividades com essa finalidade, mas também, que esteja atento para aproveitar momentos da rotina que sejam adequados a desenvolver atividades espontâneas de uma escuta ativa, ampliando assim tanto o seu repertório sonoro como o das crianças.

---

11 Veja definições dos parâmetros sonoros no glossário.

1. O CAMINHO SONORO

O tema é percepção do som. Desenvolver a percepção auditiva, sensibilizando e despertando na criança um ouvir ativo, é imprescindível para um trabalho de educação musical, mas também é de grande importância para qualquer contexto educacional.

Na atualidade, concentrar-se no ato de ouvir, bem como ouvir de forma ativa, está ficando cada vez mais difícil. A vinculação cada vez maior do som à imagem e os níveis de poluição sonora, principalmente nos grandes centros urbanos, são os principais responsáveis por essa dificuldade de concentração.

Um bom trabalho de percepção auditiva que estimule e desenvolva uma audição mais sensível e atenta, com certeza, é o início da transformação desse mundo sonoro tão ruidoso.

Ouvir ativamente não significa, simplesmente, colocar o órgão auditivo em funcionamento, mas sim desenvolver a audição nas suas sutilezas e reflexos.

Os dois eixos básicos do trabalho de percepção sonora são: a exploração do fenômeno sonoro e o desenvolvimento auditivo. A identificação de um objeto sonoro, isto é, a percepção do timbre do som, é um dos importantes aspectos a ser desenvolvidos em um trabalho de percepção auditiva. Inúmeras atividades podem ser realizadas a partir desse tema.

Atividade

- Separe vários objetos sonoros que tiver à sua disposição, como: copo plástico, sacola plástica, dois pauzinhos de madeira, bichinhos de borracha, tampa de bebida esportiva para repor líquidos e sais minerais (repare que, se você apertar no meio da tampinha, ela produzirá um som bem fraquinho) e outros mais.

- Em roda, vá passando cada objeto escolhido, um por vez, e peça aos alunos que façam um som com aquele material. Aproveite cada som feito por eles, comentando as pequenas diferenças ou mesmo as semelhanças. Lembre-se: ouça, você também, atentamente cada som! Explorem as muitas possibilidades sonoras deste material.

- Depois dessa exploração sonora, elejam o objeto que possui o som mais interessante. Tire um aluno da classe por um momento. Distribua um objeto para cada um do grupo, espalhando-os pela sala.

- Agora, cubra os olhos de quem havia saído e, guiando-o, faça um caminho pela sala, passando pelas pessoas distribuídas no espaço. Ao passar na frente das pessoas, elas "tocam" o seu objeto. O objetivo do aluno com os olhos vendados é identificar o som escolhido anteriormente pela classe, cada vez que passar por ele.

⇨ O que desenvolvemos com esta atividade?

Concentração – Orientação espacial pelo som – Memória auditiva – Discriminação de vários timbres – Imaginação sonora

2. CAIXA-SURPRESA

A curiosidade, o prazer da descoberta, o desejo de ver, ouvir, tocar, cheirar tudo que está ao seu alcance... É impossível conviver com crianças e não observar essas características da personalidade infantil. É fundamental que possamos aproveitar, estimular e proporcionar situações diversas em que a criança use a sua imaginação e os seus sentidos nas suas experimentações e descobertas.

Vivemos em uma sociedade que privilegia o sentido da visão e muito pouco utiliza e estimula os demais. Faz-se necessário um trabalho que estimule, desenvolva e amplie a percepção dos sentidos, mais ainda caso os nossos alunos sejam adolescentes ou adultos, já mais embrutecidos.

O som é uma onda causada pela vibração de um corpo. A esse corpo que vibra, produzindo esse som, chamamos de fonte sonora.

Vamos pensar no som como um material a ser manipulado, explorado e pesquisado, como geralmente acontece nas aulas com argila e tinta. Explorar a textura, a temperatura, perceber a mistura das cores são atividades comuns em toda escola. Por que não explorar as várias fontes sonoras que nos rodeiam, perceber as suas diferenças comparando-as e classificando-as, perceber as características fundamentais do som, como o seu timbre, a sua altura, a sua duração, a sua intensidade?

Na atividade a seguir, usaremos o tato e a audição nas etapas de exploração e percepção do som.

Atividade

- Separe, no mínimo, três fontes sonoras, isto é, objetos que produzem som. Após a escolha, coloque-os em uma caixa, sacola ou em um saco. Caso tenha à sua disposição instrumentos musicais pequenos, como pios de pássaros, guizos, sinos, paus de rumba, essa atividade pode se tornar uma ótima maneira de apresentá-los aos alunos.

- Balance a caixa. Inicie uma conversa sobre o que poderia haver dentro da caixa, em relação ao tipo de material e a quantia de objetos. É de vidro? É de madeira? É de metal?

- Passe a caixa, deixando que cada um do grupo sinta os objetos, sem vê-los, e descreva o que está sentindo. Ajude-os, perguntando sobre a forma, a temperatura e o material, estimulando enfim sua percepção tátil.

- Depois dessa etapa, toque cada fonte sonora, ainda não deixando que os alunos vejam os objetos. Ressalte a ordem, enumerando antecipadamente cada som. Você pode explorar essa etapa, perguntando a eles: Quantos sons eu toquei? Qual som você achou mais engraçado? Qual som foi mais forte?

- Abusando do ritual, pois o mistério para qualquer idade é fascinante, coloque os objetos sobre um pano. Procure não deixar que ele soe enquanto você o coloca no pano. Depois, aponte para um deles e peça que cada um do grupo imagine o som e o execute vocalmente. Após essa execução vocal, toque-o, chamando a atenção para a semelhança ou diferença da execução anterior.

- Explore cada fonte sonora com o grupo.

- Após a exploração anterior, com todos do grupo de olhos fechados, toque um dos objetos e coloque-o no lugar novamente. Chame um aluno para, percebendo qual a fonte sonora, pegar o objeto e tocá-lo também.

O professor deve estar atento à escolha das fontes sonoras, ao número de objetos e à condução das etapas, lembrando sempre de adequar a atividade ao seu grupo, considerando o número de alunos, a faixa etária, os seus objetivos e até a disposição do grupo no momento, porque este exercício exige muita concentração.

⇨ O que desenvolvemos com esta atividade?

Concentração – Sentido do tato – Imaginação auditiva – Memória auditiva – Reconhecimento de vários timbres

3. O SOM EM MOVIMENTO

Atualmente, o mundo é essencialmente visual e sinestésico. A audição, quase sempre, é vinculada à imagem. Mesmo nas situações em que estamos somente conectados à audição, quando ouvimos rádio, por exemplo, geralmente nos encontramos em ação, isto é, no carro, cozinhando, conversando com amigos, enfim, poucas são as pessoas que param qualquer outra ação para, simplesmente, ouvir rádio.

Outro aspecto relativo à audição é a diferença fisiológica entre ela e os demais sentidos: podemos fechar os olhos e deixar de respirar por alguns segundos, mas não podemos "fechar" os nossos ouvidos.

Milhões de estímulos sonoros chegam aos nossos ouvidos e, através de um complexo processo, o nosso cérebro interpreta os impulsos nervosos, compreendendo-os e decidindo se é importante perceber esse som conscientemente e memorizá-lo, se é necessária alguma ação imediata ou, simplesmente, se o som tem que ser ignorado. O cérebro filtra e dirige a nossa audição, focando o que é necessário no momento.

Uma das possibilidades do trabalho de percepção auditiva é desenvolver essa audição focalizada. A seguir, abordaremos um exercício, criado por Murray Schafer, que tem esse objetivo.

Murray Schafer é um compositor e educador musical canadense que desenvolve um trabalho centrado na improvisação e na sensibilização às diversas *soundscapes*[12], palavra que ele define como o "campo sonoro total, dentro do qual nos encontramos". Ele já esteve no Brasil ministrando cursos para músicos e educadores. Possui diversos livros de referência, entre eles o *Ouvido Pensante*, da Editora da Unesp, que propõe diversas atividades estimuladoras de uma verdadeira "limpeza de ouvidos", como ele mesmo diz, para desenvolver um ouvir cada vez mais ativo.

Atividade

- Um aluno deve encontrar um objeto que produza som e que lhe permita mover-se pela sala. De posse do objeto, começa a movimentar-se pela sala em vários sentidos, enquanto os outros, de olhos fechados, vão indicando com a mão o caminho que está sendo feito, localizando-se apenas pelo som.

---

12 *Soundscape* (paisagem sonora) é um termo em inglês criado por Murray Schafer para designar o "campo sonoro total, dentro do qual nos encontramos".

- Quando o aluno para de tocar a sua fonte sonora, todos abrem os olhos, mas sem abaixar a mão, possibilitando-lhes, dessa forma, confirmar a maior ou menor precisão na localização da direção do som.

- A próxima etapa da atividade é o acréscimo de um novo som encontrado por um outro aluno. O grupo terá que apontar com a mão direita o som 1 e com a mão esquerda o som 2, seguindo as mesmas regras anteriores. Para aumentar a dificuldade, pode-se acrescentar um terceiro som ao exercício, exigindo uma maior concentração na percepção dos primeiros sons.

- Outra variação pode ser feita, escolhendo-se um quarto som. Subdivide-se a turma em dois grupos. O grupo 1 apontará com a mão direita o som 1 e com a mão esquerda o som 2; o grupo 2 apontará com a mão direita o som 3 e com a mão esquerda o som 4.

Cuidados

- Evidencie o contraste ao escolher os sons.
  - Acrescente as etapas gradualmente.
    - Dose as etapas de acordo com a faixa etária.

⇨ O que desenvolvemos com esta atividade?

Concentração – Identificação de timbres – Desenvolvimento da audição focalizada

4. PASSEIO SONORO

As transformações que ocorreram no nosso modo de ouvir nas últimas décadas são uma questão bastante complexa e requerem uma abordagem mais profunda. Mas é indiscutível a relação entre a diminuição da nossa concentração em eventos essencialmente auditivos, como concertos, shows puramente instrumentais, rádio e outros, e a influência da televisão no nosso cotidiano, os shows multimídia, os CD-ROM multimídia, o aumento de um entorno mais ruidoso e tantas outras mudanças auditivas da nossa "paisagem sonora".

Esse é um problema da sociedade como um todo e não só do âmbito da educação, mas, sem dúvida, é nas escolas que a dificuldade de concentração e mesmo o desinteresse dos alunos, principalmente crianças e adolescentes, por atividades e eventos musicais e sonoros sem um apoio visual são mais bem observados. Cabe, portanto, a nós, educadores musicais ou não, sensibilizar os alunos para esse mundo sonoro.

A atividade proposta tem como objetivo ressaltar o sentido da audição, eliminando o da visão. É como se puséssemos uma lente de aumento em nossos ouvidos, "vendo" melhor cada detalhe da nossa paisagem sonora.

Atividade

- Subdivida a turma em várias duplas. Cada dupla deve determinar quem fechará os olhos e quem será o guia.

- Combine antecipadamente com os alunos-guia o caminho a ser feito por eles, ressaltando os cuidados a ser tomados nesta "incrível missão" de guiar um amigo que não pode enxergar. Quem escolheu, nesta primeira etapa, ser o guia vendará o seu par e, ao sinal preestabelecido, sairá para o "passeio".

- Terminado o "passeio sonoro", os alunos que tiveram os olhos vendados farão uma lista dos sons que ouviram, desenhando ou escrevendo as respectivas "fontes sonoras".

- Após essa etapa, em roda, cada um lerá sua lista e falará sobre suas sensações nesta experiência. Os guias também podem apontar o que sentiram ao conduzir seus amigos.

- É interessante a interferência do professor, durante os relatos, apontando aspectos importantes em relação às diferenças entre as percepções de cada criança e aos elementos básicos do som percebidos na audição, como características do timbre (som metálico, de madeira, raspado, abafado etc.), diferenças de altura (sons mais graves e mais agudos), duração dos vários sons, sons contínuos ou interrompidos, a distância de cada fonte sonora etc.

- Seria conveniente inverter os papéis em uma próxima oportunidade.

⇨ O que desenvolvemos com esta atividade?

Concentração – Memória auditiva – Sensibilização ao ambiente sonoro – Exploração do fenômeno sonoro

5. A ORQUESTRA DE PAPÉIS

Desenvolver um trabalho de percepção auditiva requer, sem dúvida, um conhecimento teórico básico sobre o assunto, mas é importante ressaltarmos que o desenvolvimento desse conteúdo deve estar centrado na prática, trabalhando com as sensações e percepções do indivíduo. Dessa forma, o "fazer" acompanhado de uma constante reflexão é o caminho para se tomar contato com o som, matéria-prima da linguagem musical, e com os processos de percepção auditiva.

Manipular, explorar, perceber, descobrir novas possibilidades são atitudes espontâneas das crianças. Cabe a nós, professores, estimulá-las e reativar em nós mesmos o prazer dessas descobertas.

Atividade

- Faça uma roda com o grupo de alunos. Dê uma folha de papel a um deles e peça que produza um som com essa folha. Todos devem prestar muita atenção ao som realizado.

- Em seguida, um outro aluno deve produzir um som diferente daquele realizado pelo colega; e assim segue-se passando a folha de papel por todos da roda.

- Após essa rodada de exploração de sons no papel, pede-se para um aluno fechar os olhos. Um colega faz um dos sons realizados na etapa anterior. Depois de ouvi-lo, o primeiro tem que identificar o som realizado e imitá-lo. Segue-se desta forma, sucessivamente.

- Escolha, com o grupo, três ou quatro sons mais interessantes das etapas anteriores. Analise as suas características. Esse som é forte ou fraco? É longo ou curto? É contínuo ou interrompido? E o timbre, é raspado, abafado? Enfim, explorem cada som escolhido, tocando-o várias vezes, imitando-o vocalmente, identificando-o e refletindo sobre seus elementos.

- Divida a turma em três grupos, sendo que cada um "tocará" um dos sons escolhidos anteriormente. Elabore com os alunos uma composição com essa "orquestra de papéis".

    Dicas para a composição coletiva
    - Usem solos, isto é, cada grupo toca sozinho por alguns momentos.
    - Usem *tutti*, ou seja, todos tocam juntos.

- Lembrem-se de crescer e decrescer a intensidade, isto é, tocar sons bem fracos e aos poucos ir chegando aos fortes (o contrário desse movimento é o que chamamos de decrescendo).
- Não se esqueçam de alguns momentos de silêncio, usando interrupções.
- Experimentem, brinquem, deixem que as ideias sonoras brotem.
- Envolvam-se com a criação, sintam-se compositores!

⇨ O que desenvolvemos com esta atividade?

Criatividade – Memória auditiva – Discriminação de timbres – Percepção da forma

6. POSTES SONOROS

A voz é uma característica individual, assim como a digital de cada pessoa, e é também nosso primeiro instrumento musical. O bebê faz suas primeiras experimentações sonoras brincando com sua própria voz. Esse prazer em brincar com a voz permanece na criança, mas, gradualmente, esse hábito vai desaparecendo à medida que ela se apropria e elabora melhor a sua expressão verbal.

O desenvolvimento da expressão verbal é, sem dúvida, muito importante em nossa sociedade. Infelizmente, desenvolvemos determinadas habilidades em detrimento de outras. A liberdade de brincar com a voz, de descobrir novas sonoridades, de passear entre a fala e o canto são ações que abandonamos entre os quatro e seis anos, deixando esse prazer somente a um grupo eleito, o dos cantores.

O convite a nós, educadores, é que resgatemos em nós e em nossos alunos essa intimidade e liberdade com nosso primeiro instrumento musical. Para descobrir a nossa voz é preciso explorá-la de diversas formas, não somente através do canto e da fala.

As ações cotidianas são um material rico com o qual podemos inventar brincadeiras vocais. Podemos usar o riso, as gargalhadas, o choro, os grunhidos, sons feitos com os nossos lábios, o estalar da língua, sons com caretas e outros. A partir deste material é lançar-se à aventura com os quatro verbos básicos: explorar, ouvir, reconhecer e organizar.

A atividade proposta amplia essa exploração, desenvolve a memória e destaca o sentido da audição, isolando a visão e, ainda, utiliza o jogo, que é sempre bem-vindo.

Atividade

- Em roda, o professor põe em pauta o assunto a ser trabalhado: a voz. Pode-se abordar esse assunto de diversas formas; por exemplo: a partir da escuta da voz de cada um, percebendo as características e diferenças entre elas; por meio de brincadeiras com caretas, em que cada aluno faz uma careta com som e os outros o imitam; ou, ainda, simplesmente propor: "Vamos inventar sons bem engraçados!". O importante é que nessa primeira etapa todos explorem as várias possibilidades sonoras de sua voz, "usando e abusando" dos movimentos faciais.

- Após essa exploração, o professor pode organizar exercícios de identificação e imitação de determinados sons realizados na etapa anterior.

Depois de familiarizados com os vários sons produzidos, cada um deve escolher um som, de forma que consiga realizá-lo sempre da mesma maneira.

- Em seguida, escolha um aluno e cubra seus olhos. Os outros devem andar livremente pela sala, em volta do amigo de olhos vendados, executando o som escolhido anteriormente. Ao sinal combinado, eles param, transformando-se em "postes". Enquanto os alunos estão parados, o professor conduz a criança de olhos fechados pela classe, percorrendo determinado caminho entre eles. Combina-se com as crianças, anteriormente, que só podem fazer o seu som, isto é, "o poste soar", quando o professor e o colega passarem por elas. É interessante repetir o mesmo caminho sonoro para uma maior fixação do percurso por parte do aluno com os olhos vendados.

- Próxima etapa: sem a venda nos olhos, ele tem que descobrir, por meio dos sons dos postes, o caminho que havia feito e refazê-lo.

Cuidados

- Não esqueça de adaptar a atividade à faixa etária do seu grupo.

• Comece com caminhos simples, mesmo com os adolescentes, com dois postes apenas, e, aos poucos, acrescente mais postes pelo caminho.

⇨ O que desenvolvemos com esta atividade?

Criatividade – Concentração – Exploração das possibilidades sonoras da voz – Consciência corporal – Memória – Discriminação de timbres

7. TIMBRE

A partir da apresentação de algumas questões relativas à percepção auditiva nos dias de hoje, tivemos como propósito sensibilizar os educadores e suscitar uma reflexão sobre as possibilidades de se desenvolver uma escuta mais sensível e seletiva nas crianças e adolescentes.

Como a prática é um dos principais pilares deste trabalho, consideramos de grande importância exemplificar as questões abordadas com uma atividade. Nas propostas anteriores foi desenvolvida, principalmente, a percepção de um elemento fundamental do som: o **timbre**. É sobre o timbre e alguns conceitos teóricos que falaremos a seguir.

O som é uma forma de energia, é vibração de moléculas. A vibração de um corpo qualquer provoca alterações da pressão do ar, causando movimentos, os quais chamamos de ondas. O som é uma onda mecânica que não se propaga no vácuo, somente nos meios sólidos, líquidos e gasosos.

Quando um som é produzido, podemos perceber alguns dos seus elementos constituintes:

- Timbre – a sua "voz", a sua "marca", através da qual identificamos a origem da fonte que a produziu;
- Altura – a sua frequência, a qual nos provoca a sensação de um som mais agudo ou mais grave;
- Intensidade – o seu volume, que provoca a sensação de forte ou fraco;
- Duração – a sua característica relacionada ao maior ou menor prolongamento do som em um espaço de tempo, o que provoca a sensação de mais longo ou mais curto.

Esses são os **elementos fundamentais do som**, ou, como também os denominamos, os **parâmetros do som**[13].

O **timbre** é um dos primeiros elementos que percebemos ao ouvir um som, por isso usamos algumas expressões como: a **voz** do som, a **cor** do som. É através da percepção do timbre que identificamos a fonte produtora do som. Pense na voz de sua mãe, filho, marido, amigo e estará pensando no timbre da voz de cada uma dessas pessoas. É por isso que mesmo sem vê-las, mas simplesmente as ouvindo, você saberia identificar cada uma delas.

O desenvolvimento da percepção de vários tim-

---
[13] Leia mais sobre os parâmetros no Glossário.

bres é de grande importância na primeira fase do trabalho de percepção auditiva. Estamos rodeados por um grande universo de sons que podemos utilizar em exercícios de identificação e memória: os sons do ambiente sonoro, os sons característicos do ambiente escolar, as vozes das próprias crianças da classe, os sons de objetos, os sons de instrumentos musicais, os sons de animais e outros. É interessante que o professor, nas atividades de exploração dos instrumentos ou mesmo objetos, chame a atenção para as características do timbre, como: este som é metálico, abafado, raspado e todos os adjetivos que possa levantar com os alunos sobre determinado som.

Atividade

- Em roda, escolha uma palavra para ser falada por todos. Utilizando gravador, grave a voz de cada um, falando a palavra combinada anteriormente. Em seguida, ouça a gravação e comente as diferenças no timbre da voz de cada aluno.

- Faça um levantamento com o grupo de alguns sons característicos da escola. Por exemplo: a voz de uma pessoa popular entre as crianças, o "sinal" do recreio (caso a escola mantenha esse sistema), o ranger da balança, uma bola batendo, conversa no pátio... Feita a lista, grave os sons escolhidos. Ouvindo a gravação, identifique cada som gravado. Faça comentários sobre as características de cada timbre.

As etapas seguintes podem ser feitas em outro momento:

- Grave os sons escolhidos usando uma outra sequência, inclusive usando a repetição de alguns deles.

- Coloque a gravação para os alunos adivinharem os sons gravados.

- Com as crianças maiores ou adolescentes, você pode propor essa atividade na forma de um jogo, no qual a criança que ouvir o som e identificá-lo mais rapidamente ganhará pontos. Enfim, divirta-se inventando novos desdobramentos desta atividade.

⇨ O que desenvolvemos com esta atividade?

Percepção do timbre – Pesquisa do som das vozes – Criatividade

8. CABRA-CEGA MAS NÃO SURDA

O **timbre** é o elemento que mais nos chama a atenção no primeiro momento da escuta, pois através da sua percepção identificamos a fonte sonora.

Na primeira fase de um trabalho de percepção auditiva, principalmente com crianças pequenas, o timbre é o parâmetro sonoro mais desenvolvido.

Concentrar a atenção em determinado timbre no meio de vários outros, isto é, "focalizar" a audição, é um exercício de percepção difícil de ser realizado.

A proposta a seguir é uma adaptação musical de um jogo bastante conhecido: a cabra-cega.

Ouvir, memorizar, focalizar a audição, identificar e mover-se até o som discriminado. São esses desafios que o aluno enfrenta nesta brincadeira.

Atividade

- Distribua um instrumento musical ou um objeto sonoro para cada criança. Lembre-se de selecionar os instrumentos ou objetos com que o seu grupo já esteja familiarizado, através de um trabalho de exploração sonora realizado em atividades anteriores.

- Peça para um de cada vez tocar o seu instrumento, para que todos do grupo ouçam o seu timbre e relembrem o nome do instrumento.

- Sorteie uma criança para ser a cabra-cega. Depois de vendar seus olhos, aponte para uma das outras crianças e peça-lhe para tocar o seu instrumento. Rode um pouco a cabra-cega, enquanto os outros alunos se movimentam pela sala; ao sinal preestabelecido, todos param em determinado lugar e continuam tocando o seu instrumento. O aluno de olhos vendados deverá descobrir, somente pelo som, o instrumento que ouviu anteriormente.

Variações

- O professor pode realizar a atividade regendo uma improvisação, enquanto a cabra-cega procura o instrumento predeterminado. Nessa improvisação, o professor vai apontando quem toca, utilizando solos, duos, trios, *tutti*, silêncios; enfim, experimentando e guiando-se pelo resultado sonoro.

- Numa segunda fase do jogo, com crianças maiores e adolescentes, o professor pode dificultar um pouco, pedindo aos alunos que se movimentem enquanto tocam, e a cabra-cega terá que perseguir o som em movimento.

- Cabra-cega em pares: divide-se a turma em duplas. Cada dupla combina um som (vocal ou instrumental). Uma pessoa do par terá seus olhos vendados, enquanto a outra se fixará em um lugar na sala de posse do som combinado. A um sinal determinado anteriormente, a pessoa fixa começará a produzir o seu som. A cabra-cega tem que caminhar pela sala guiando-se apenas pelo reconhecimento do timbre do som combinado até encontrar o seu par.

⇨ O que desenvolvemos com esta atividade?

Memória – Concentração – Discriminação de timbres – Consciência corporal e espacial

9. DESCUBRA SEU PAR

Existem diversas pesquisas sobre o comportamento auditivo e a relação com a percepção dos parâmetros sonoros. De acordo com esses estudos, o **timbre** e a **intensidade** são os elementos sonoros que nos impressionam no primeiro momento da escuta, principalmente as crianças.

A minha experiência com educação musical tem mostrado que a percepção do timbre e da intensidade realmente é percebida de forma mais imediata. Este pode ser um possível caminho na organização de atividades de percepção dos parâmetros sonoros. É bom lembrar que o som é um todo único, síntese de todos os elementos juntos e que, quando o corpo vibra e soa, mesmo se o foco está sobre um determinado parâmetro, os outros também estão presentes.

É interessante que realizemos nosso planejamento com objetivos claros, com uma ordem a ser alcançada, procurando diversificar as experiências através de diferentes estratégias, como: exercícios, atividades, jogos e brincadeiras. O jogo é sempre muito bem acolhido em todas as faixas etárias, das crianças aos adultos. Todos gostam de jogar. Talvez seja por esse motivo que em várias línguas o verbo tocar (um instrumento) é sinônimo de jogar: *play* em inglês, *joeur* em francês, *spielen* em alemão.

A atividade proposta a seguir é um jogo que tem como objetivo desenvolver a habilidade de reconhecer vários timbres.

Atividade

- O professor seleciona, previamente, pares de instrumentos musicais ou objetos sonoros e conduz uma exploração sonora com as crianças.

- Após essa exploração, coloca os instrumentos ou objetos sonoros no meio da roda e divide a turma em duplas.

- A seguir, as duplas escolhem um par de instrumentos.

- O professor forma duas filas, separando as duplas, e cada um deve ficar sentado em frente ao seu par, com seu instrumento na mão.

- Cada criança se posicionará de costas para seu par e de olhos fechados. O aluno em cuja cabeça o professor colocar a mão tocará seu instrumento, inventando um motivo rítmico. O seu par deverá reconhecer o timbre do seu instrumento e responder imitando o motivo tocado por ele. Dessa forma segue-se o jogo até todos tocarem.

⇨ O que desenvolvemos com esta atividade?

Identificação de timbres – Concentração – Criação de ritmos – Reprodução de ritmos

10. RODA EM FAMÍLIA

Escutar atentamente, reconhecer, reproduzir, emparelhar e classificar são ações essenciais para o desenvolvimento auditivo. Edgar Willems, educador belga da primeira metade do século XX, ainda é um referencial importante para este aspecto do desenvolvimento auditivo.

Proporcionar situações nas quais os alunos possam comparar diversos timbres, perceber suas semelhanças e/ou diferenças e classificá-los de acordo com critérios preestabelecidos é um exercício fundamental para o desenvolvimento de um ouvido apurado e atento aos diversos fenômenos sonoros.

Uma pessoa que possui uma audição atenta e aguçada tende a ter uma atitude mais receptiva às diversas expressões musicais. Como cita Edgar Willems: *"Se o órgão auditivo não é modificável, a atividade orgânica, pelo contrário, pode ser despertada e desenvolvida (...) Um desenvolvimento auditivo bem feito favorece a compreensão de qualquer música"*[14].

A seguir, algumas possibilidades de classificação e emparelhamento, usando objetos sonoros e instrumentos musicais.

---

14 WILLEMS, Edgar. *Educacion Musical. Vol. I. Guía Didáctica para el Maestro*. Buenos Aires: Ricordi, 1966.

Atividade

- Separe objetos sonoros ou instrumentos musicais. Apresente-os ao grupo e chame a atenção para as diversas características de cada timbre, em relação ao material da fonte sonora (metal, madeira, plástico), à produção do som (raspar, chocalhar, bater na pele) e às impressões auditivas (som estridente, abafado).

- Faça círculos no chão. Peça aos alunos que comparem os diversos instrumentos e/ou objetos, classifique-os de acordo com o critério adotado previamente e coloque os instrumentos semelhantes no mesmo círculo, formando "famílias de instrumentos".

- Numa segunda etapa do trabalho, você pode propor o seguinte jogo: escolha um instrumento de cada agrupamento, isto é, de cada "família". Em algum lugar da sala, no qual os alunos não possam vê-lo, toque um dos instrumentos selecionados. Os alunos, ao reconhecerem o timbre do instrumento e a qual "família" pertence, devem correr até o círculo correspondente; segue-se a brincadeira com os outros instrumentos.

- Lembre-se que, com crianças pequenas, você deve começar com poucos instrumentos e ir acrescentando outros em várias etapas. Esta atividade também pode ser desmembrada em vários dias, de acordo com a faixa etária.

⇨ O que desenvolvemos com esta atividade?

Prontidão de reflexos – Identificação de timbres – Uma audição mais aguçada – Concentração – Atenção

11. SONORIZAÇÃO DE HISTÓRIAS

Contar histórias é um hábito presente em todas as culturas. Com a urbanização e as grandes transformações tecnológicas das últimas décadas, esse hábito foi desaparecendo do dia a dia das famílias. A escola incorporou a contação de histórias em sua rotina, mas somente na educação infantil e, em algumas escolas, nas primeiras séries do ensino fundamental. Há alguns anos, um movimento de resgate vem acontecendo através de apresentações de contadores de histórias tanto para crianças como para adultos em espaços como livrarias, centros culturais, áreas de convivência dos SESCs e afins.

O objetivo desta proposta é resgatar o espaço da história e ampliá-lo com o sonoro. Existem muitas histórias em que os sons do ambiente retratado, os efeitos sonoros ou mesmo características das diversas vozes dos personagens aparecem naturalmente em nossas mentes quando as escutamos ou lemos. Essas são as histórias que devemos separar para esse tipo de trabalho.

Sonorizar uma história significa retratar sonoramente o seu ambiente, a sua paisagem sonora, criar efeitos sonoros para os seus principais acontecimentos e soltar a imaginação, criando "climas sonoros" para paisagens ou palavras que não possuem som, como: infinito, sonho, solidão, estrelas.

Você pode escolher uma história já existente ou criá-la a partir de um tema ou mesmo de uma canção. Os temas podem ser os mais variados, como: uma floresta, um centro urbano, um parque, um castelo mal-assombrado.

Se você escolher uma canção, é interessante ampliá-la, fazendo um levantamento do som do lugar onde se passa a história, se existem sons característicos dos seus personagens e os principais acontecimentos do texto. Tomando como exemplo a canção "Asa Branca", de Luiz Gonzaga e Humberto Teixeira, você pode estimular a imaginação dos alunos a partir de algumas perguntas sobre o texto da canção: O que o compositor quer dizer com "terra ardendo"? Em qual região do Brasil é retratada esta situação? Quais sons vocês imaginam que seriam mais evidentes nessa cena? Quem era o alazão? Quem pode imitar os sons desses animais em meio a essa cena? A partir das respostas, o grupo pode elaborar um roteiro ou uma história e sonorizá-la ou até mesmo decidir sonorizar apenas determinado "clima sonoro" que represente as sensações da situação retratada na canção, como desolação ou seca; enfim, o que emergir da conversa com o grupo.

Atividade

- Escolha a história, considerando alguns fatores:

    ✓ Faixa etária do seu grupo.
    ✓ Extensão da história, preferencialmente as curtas.
    ✓ Quantidade de texto. As histórias com pouco texto ou mesmo as sem texto algum são mais interessantes, pois, geralmente, ação e expressão estão totalmente focadas na imagem. Mas, se a sua escolha for uma história com muito texto, analise se você consegue, facilmente, formar uma imagem sonora em sua mente das descrições dos lugares, situações, animais, personagens que aparecem no texto.

- Apresente a história para o grupo.

- Faça um levantamento dos sons mais evidentes, como os diferentes passos e vozes dos personagens, chuva, vento, brisa, escorregões, tombos e efeitos sonoros em geral. Nesse levantamento, lembre-se da sonoplastia utilizada nos desenhos animados, principalmente os mais antigos, pois você encontrará dicas preciosas. Realize esses sons vocalmente.

- Pesquise os timbres e efeitos sonoros desejados nos instrumentos musicais, brinquedos sonoros e objetos sonoros disponíveis. Aproveite essa exploração sonora para comentar sobre as características sonoras dos objetos, evidenciando os parâmetros do som. Se o grupo não possui uma familiarização anterior com esse material, é importante que você a proporcione antes da apresentação da história, através de atividades de exploração, execução e identificação.

- Organize, com os alunos, o material separado para cada momento da história e definam o que cada um vai tocar.

- Realize a história sonorizada. Grave, ouça, comente e regrave, se necessário.

Se você nunca fez sonorização de uma história, sugiro que realize as etapas anteriores, antes de apresentar a história aos seus alunos. Dessa forma, você terá essa experiência previamente, familiarizando-se com a história e com o processo. Mas não se esqueça de estar aberto às sugestões dos alunos, mesmo que não sejam semelhantes à experiência realizada por você anteriormente.

Alguns recursos podem ser utilizados, ainda, para enriquecer o trabalho:

✓ Dramatização da história.

- ✓ Desenho, feito pelos alunos, dos personagens e objetos importantes.
- ✓ Confecção de fantoches, marionetes, marionetes de palito (marionete feita com desenho recortado e colado em um palito de churrasco).

⇨ O que desenvolvemos com esta atividade?

Imaginação – Criatividade – Exploração do fenômeno sonoro – Pesquisa de diversos timbres

12. ALTURA

A **altura** é um dos elementos fundamentais ou parâmetros do som. Acusticamente, é a frequência sonora. Como já vimos anteriormente, o som é vibração, e o número de vibrações produzido em um segundo é o que denominamos de frequência do som. Quanto menor o número de vibrações por segundo, mais baixa a frequência; quanto maior o número de vibrações por segundo, mais alta a frequência. Isso é acústica, mas quais as sensações que essa diferença entre frequências causa em nossa percepção auditiva?

Quando um som possui uma frequência baixa, o identificamos como um som "grosso" e, em música, o denominamos grave; quando a frequência é alta, ouvimos um som "fino" e o denominamos agudo.

Em geral, as crianças e mesmo os adultos confundem a altura do som com o seu volume, isto é, a sua intensidade. Um som grave não é, necessariamente, um som forte, e um som agudo não é, necessariamente, um som fraco. Quando falamos em altura do som, as pessoas confundem os dois parâmetros. Isso acontece porque no nosso dia a dia usamos expressões como "Abaixe esse som!"

e "Esta música está muito alta!" Quando falamos que a música está alta, estamos nos referindo à sua intensidade forte, ao seu volume, e não ao parâmetro altura do som (grave e agudo).

É importante trabalharmos a diferença entre esses dois parâmetros e as suas denominações. O professor pode usar recursos como: imitar a voz dos animais, comparar a voz do pai e da mãe da criança. Frases, como as seguintes, ajudam nessa diferenciação: "(...) mesmo quando a sua mãe fala forte com você, gritando, continua com a mesma voz, e esta é mais 'fina', mais 'aguda' do que a do seu pai, não é mesmo?".

É bom lembrar que a altura do som é relativa, isto é, classificamos a altura de um som em relação a outro. Por exemplo, podemos ouvir uma voz e a considerarmos grave, mas ela pode se tornar mais aguda se a compararmos com outra mais grave do que ela.

Desenvolver a percepção da altura do som é muito importante para o desenvolvimento melódico posterior. Concebemos uma sequência de etapas em relação a esse aspecto:

- Percepção dos sons graves e agudos, iniciando com contrastes grandes.
- Percepção de sons graves, médios e agudos.

- Percepção de movimentos sonoros ascendentes e descendentes (movimento ascendente é uma sequência de sons que se movimentam do grave até o agudo, e movimento descendente é uma sequência de sons que se movimentam do agudo até o grave).
- Intervalos melódicos.
- Percepção do perfil melódico de canções ("tirar melodias de ouvido").

Considero que apenas as três primeiras etapas, da sequência apresentada acima, são adequadas para um trabalho desenvolvido por educadores sem formação específica em música. As outras são mais pertinentes a um trabalho musical mais específico.

Atividade

- Peça para os alunos lembrarem da voz de seus pais: Quem consegue imitá-las? Qual a diferença entre elas? Qual é a mais grossa? É interessante que o professor use as expressões "grosso" e "fino" nas primeiras atividades, mas logo explique para o grupo a denominação específica, grave e agudo, para que, rapidamente, eles se familiarizem com o vocabulário musical.

- Faça um passeio pela escola, ouvindo e, se possível, gravando as vozes de várias pessoas. Depois, faça uma análise, classificando a voz mais grave e a mais aguda.

- Escolha alguns animais cuja voz seja fácil de imitar e os desenhe. Observe se você incluiu, na sua lista, animais com voz grave e outros com voz mais aguda. Apresente os desenhos dos animais às crianças e peça a elas que imitem esses animais. Brinque, principalmente com as crianças menores, imitando corporalmente o animal. Classifique a voz de cada animal, colocando-as numa sequência, da mais grave à mais aguda.

- Escolha três objetos sonoros com uma diferença grande de altura: grave, médio e agudo. Toque-os para os alunos e peça que os classifiquem de acordo com o critério da altura do som. Sem que os alunos possam vê-los, toque os três instrumentos em determinada sequência e peça que um deles faça o mesmo.

⇨ O que desenvolvemos com esta atividade?

Percepção da altura do som – Classificação do som segundo a altura

13. WILLEMS

O parâmetro do som em foco será a **altura**. Muitas atividades poderão ser realizadas com o objetivo de desenvolver a percepção da altura do som, mas é imprescindível um maior grau de treinamento do próprio professor. Perceber se um som é mais grave do que outro, partindo de grandes contrastes até pequenas diferenças de altura, requer uma sensibilização e um desenvolvimento auditivo apurado. O trabalho de Edgar Willems, mesmo pertencendo à primeira geração de educadores musicais, ainda é referência, principalmente em relação ao desenvolvimento auditivo. Ele pesquisou e elaborou um importante trabalho de educação musical, em que a percepção da altura dos sons é tratada de forma minuciosa. Quem foi Edgar Willems?

Edgar Willems nasceu na Bélgica, em um pequeno povoado, em 1890. O seu pai era pedagogo e organizador das festas e do coral das escolas infantis. Willems fez Academia de Artes e Pedagogia. Atuava como professor primário e no início de sua carreira mantinha contato com música apenas no ambiente familiar. Aos poucos começou a ter interesse em estudar música e relacioná-la com a sua prática em educação. Iniciou seus estudos de música como autodidata e, após alguns anos, estruturou toda a sua metodologia. Começou a fazer conferências e palestras e manteve contato com vários pedagogos e músicos da época. Em 1925 partiu para Genebra, que era um grande centro cultural da época. Foi no Conservatório de Genebra que realizou sua formação musical oficial e ampliou o seu trabalho de educação musical com base em sua metodologia.

O método Willems não é simplesmente uma técnica de ensino musical. A técnica, assim como os objetivos, o conteúdo e as estratégias, está inserida num contexto mais amplo, numa verdadeira filosofia: "Trata-se de seguir certos princípios mais do que adotar um método. Os métodos se inventam. Podem ser suspeitos ou até perigosos. Os princípios, em contrapartida, existem desde todos os tempos, basta descobri-los..."[15].

Alguns pontos centrais da sua metodologia:

- O método está baseado nas relações psicológicas estabelecidas entre a música e o ser humano.
- O aprendizado musical é acessível a todos e não somente aos que possuem uma tendência natural a essa linguagem, pois parte do princípio de que

---

15 WILLEMS, Edgar. *Educacion Musical. Vol. I. Guía Didáctica para el Maestro*. Buenos Aires: Ricordi Americana, 1966.

os elementos fundamentais da atividade musical são comuns a todo ser humano e à sua múltipla natureza, que é dinâmica, sensorial, afetiva, mental e espiritual.
- Todo conhecimento musical deve partir da atividade prática, chegando à abstração do conhecimento teórico. Ele faz um paralelo ao aprendizado da língua materna: a criança ouve, fala palavras soltas, palavras com sentido, depois forma frases e finalmente as escreve.
- As atividades práticas têm como centro a canção e o desenvolvimento do sentido rítmico e do ouvido musical.
- Exclui todos os meios extramusicais, como o uso de cores, figuras, acreditando ser "a natureza do som e do ritmo de uma riqueza infinita"[16].

Willems acredita que um trabalho de educação musical, feito dentro de um espírito adequado, favorece o desenvolvimento da personalidade humana, pois esse tipo de iniciação requer a participação de todo o ser humano (dinâmico, sensorial, afetivo, mental e espiritual), desenvolvendo e harmonizando essas faculdades.

No seu livro *Guía Didáctica para el Maestro*, encontramos alguns verbos que são a chave do de-

---

16 WILLEMS, Edgar. *Educacion Musical. Vol. I. Guía Didáctica para el Maestro*. Buenos Aires: Ricordi Americana, 1966.

senvolvimento auditivo. Na primeira etapa, temos: escutar, reconhecer e reproduzir timbres, intensidades e alturas, sendo que, para Willems, a altura dos sons é a que oferece maiores possibilidades. Em uma segunda etapa, encontramos outros dois verbos: emparelhar e classificar.

As atividades elaboradas a partir desses princípios devem passar por três planos: o sensorial, o afetivo e o mental. Segundo Willems, o primeiro plano, o da sensorialidade, deve ser muito trabalhado, pois é através dele que o ouvido da criança se abre para o mundo sonoro.

Por se tratar de um método muito detalhado e complexo na sua concepção filosófica, não temos neste texto o propósito de aprofundar os seus princípios, mas consideramos importante informar a existência dessa grande fonte de estudos e localizar a origem da atividade que descreveremos a seguir.

Willems trabalhava muito com sinos de vários tipos e tamanhos e de diversas alturas. Considerava, também, de grande importância a qualidade do material. A atividade descrita a seguir usará sinos, mas na nossa experiência de sala de aula adaptamos a mesma atividade usando também materiais como xilofones, pios de pássaros, bonequinhos de borracha com som, tampinhas de produtos de limpeza, que ao cair no chão produzam sons de diferentes alturas, e outros materiais. Lembre-se de considerar a qualidade sonora dos objetos escolhidos.

Atividade

- Escolha dois sinos de alturas diferentes e contrastantes (um bem grave e outro bem agudo), de preferência do mesmo tamanho e com o mesmo aspecto.

- Coloque-os sobre um tapetinho de feltro e toque um de cada vez, pedindo para os alunos identificarem qual é o mais agudo. Após a identificação, toque os dois novamente (grave e agudo) para a confirmação da resposta.

- Peça para um aluno fechar os olhos; toque uma sequência, por exemplo: grave-agudo-grave. Ele deverá escutar, reconhecer e reproduzir, isto é, repetir a sequência. Crie outras sequências com dois, três, quatro sons e siga o exercício.

- Acrescente um terceiro sino (altura média, isto é, entre os dois anteriores) e peça para o grupo o classificar, comparando-o com os outros dois. Ajude-os com perguntas. Qual o lugar deste sino? É mais grave do que o sino 1? É mais agudo do que o sino 2?

- Crie uma sequência com os três sinos e repita o jogo. Vá aumentando a sequência, dificultando-a, gradualmente.

Lembre-se: explore cada etapa desta atividade de acordo com a faixa etária e não tenha pressa em passar de uma etapa à outra, certificando-se de que todos do grupo conseguiram responder adequadamente e com facilidade; não se estenda muito neste exercício, distribuindo as etapas em vários dias, pois ele exige muita concentração; prepare a atividade "abusando" do ritual e do mistério, para conseguir uma grande concentração e silêncio na sala de aula.

⇨ O que desenvolvemos com esta atividade?

Percepção de alturas diferentes – Concentração – Memória

14. TOCA DO COELHO

Partindo, ainda, dos princípios elaborados por Edgar Willems[17], podemos considerar três domínios presentes no desenvolvimento auditivo: o da sensorialidade, o da sensibilidade afetiva e o da inteligência auditiva. A sensorialidade diz respeito à nossa reação, ao nosso reflexo imediato diante do estímulo sonoro. Possui direta ligação com a atividade do órgão auditivo. A sensibilidade afetiva, emotiva, tem ligação com o aspecto melódico. A inteligência auditiva relaciona-se com o conhecimento intelectual dos fenômenos sonoros. Quando ouvimos, esses três domínios se encontram misturados, mas a proporção entre eles varia de acordo com o indivíduo e com a sua faixa etária.

As canções apresentam dois aspectos básicos: o rítmico e o melódico. A melodia, apesar de possuir o ritmo (durações diferentes), é uma composição de várias alturas sonoras. A canção, cantada de forma adequada e fazendo parte de um repertório diversificado e de qualidade, é um rico alimento musical e a chave do desenvolvimento melódico.

---

[17] WILLEMS, Edgar. *Educacion Musical. Vol. I. Guía Didáctica para el Maestro*. Buenos Aires: Ricordi Americana, 1966.

Quando desenvolvemos a percepção da altura do som (iniciando com grandes contrastes e, aos poucos, com a diminuição do intervalo entre os sons), estamos contribuindo para o desenvolvimento melódico posterior.

Geralmente, os exercícios específicos de percepção de altura do som são mais adequados a grupos pequenos pelo grau de concentração necessário e para que o professor possa perceber as dificuldades e facilidades de cada aluno. Como é difícil encontrar atividades desse gênero para grupos grandes, apresentamos a seguir uma atividade que desenvolve a percepção das alturas sonoras e é totalmente adaptada às classes numerosas.

Atividade

- Escolha dois instrumentos com grande diferença de altura, um bem grave e outro bem agudo. Você também pode utilizar, caso tenha disponível, um único instrumento, mas que possua diferenças de alturas, como o piano, o teclado, o xilofone, a escaleta.

- Faça um círculo no centro da sala e vários ao seu redor. O número de círculos deve ser igual ao número de alunos.

- Um aluno deve se posicionar no círculo do centro e será o lobo. Os outros serão os coelhos e devem se posicionar nos outros círculos, ao redor do lobo, um em cada círculo, cada coelho em sua toca.

- As regras do jogo são as seguintes:

    ✓ O objetivo do lobo é conseguir roubar uma toca (um círculo de qualquer coelho), transformando-se em coelho.
    ✓ O lobo pode ameaçar os coelhos, mas só pode sair de sua toca (círculo do centro) quando ouvir o som agudo.
    ✓ Os coelhos não podem sair de sua toca, nem mesmo colocar o pé para fora, ao ouvir o som grave.
    ✓ Os coelhos são obrigados a trocar de toca quando ouvir o som agudo.
    ✓ O coelho que não trocar de toca ao ouvir o som agudo passa a ser o lobo na próxima vez.
    ✓ O coelho que sair da sua toca mas não conseguir entrar em outra, pois todas estavam ocupadas (sempre um coelho ficará sem toca quando o lobo for rápido e conseguir pegar uma), passará a ser o lobo (círculo do centro).

A brincadeira é muito rápida, mudando-se a criança-lobo cada vez que você, professor, tocar o som agudo. Faça sequências que estimulem o reflexo das crianças, não se esquecendo de deixar silêncios entre os sons, variando também a sua duração. Exemplificarei usando a letra "G" para o som grave, "A" para o som agudo e o tamanho do espaço em branco entre colchetes como a duração mais curta ou mais longa do silêncio:

G[ ]G[   ]A[ ]G[   ]A[ ]A[ ] A[ ]G[   ]A[   ]

⇨ O que desenvolvemos com esta atividade?

Percepção da altura do som – Concentração – Agilidade de reflexos

15. PAINEL DAS ALTURAS

Quando um som é produzido, ouvimos os seus elementos fundamentais todos ao mesmo tempo, isto é, ouvimos um determinado **timbre**, uma certa **intensidade** (volume), uma determinada **altura** (frequência) e por um determinado tempo (**duração**).

Em um trabalho de percepção auditiva, por objetivos didáticos, enfocamos um elemento de cada vez através de atividades que desenvolvem a percepção de um parâmetro específico. Mas sempre é bom estarmos atentos às outras qualidades sonoras e à percepção do som como uma unidade, diversificando as nossas propostas com atividades que tenham como objetivo a percepção sonora de uma forma mais ampla, pensando o som e o silêncio como matéria-prima da linguagem musical.

Emparelhar e classificar são dois verbos fundamentais em etapa posterior à exploração sonora de materiais diversos, em um contexto de desenvolvimento auditivo. Os exercícios de classificação podem ser realizados a partir de qualquer parâmetro: timbre, intensidade, altura e duração. A seguir classificaremos sons segundo a sua altura.

Na etapa inicial, é preciso escolher um material (instrumentos musicais e/ou objetos sonoros) que possua alturas diferentes, mas o mesmo timbre e a mesma intensidade, para que seja mais fácil enfocar apenas a altura do som. Em uma etapa posterior, pode-se trabalhar com instrumentos ou objetos sonoros com intensidade, timbre e altura diferentes.

O professor deve ter muito cuidado na escolha do material e estar atento às confusões que, geralmente, acontecem: um som forte pode parecer mais agudo do que um mais fraco; um timbre mais claro pode nos dar a sensação de ser mais agudo do que um timbre mais escuro, mais abafado e outras mais. Nesse momento, o professor deve ter a clareza na discriminação entre esses elementos. Sugiro que o professor realize, previamente, as atividades em suas duas etapas. Inicie com diferenças grandes de altura entre os objetos ou instrumentos e, aos poucos, quando perceber que a sua própria audição estiver mais apurada e aguçada, comece a diminuir a diferença de altura entre eles. Desta forma, quando propuser a atividade para os alunos, já terá maior domínio do conteúdo a ser desenvolvido.

Atividade

- Peça aos alunos que escolham um som qualquer (da natureza, de algum objeto, a voz de algum animal) e o desenhem em uma cartela, sem deixar que ninguém a veja.

- A criança que começar a brincadeira deve descrever o seu desenho, enumerando as suas características de timbre e de altura e alguns dados sobre o seu tamanho e origem, isto é, se é um som da natureza, uma voz, um objeto. Por exemplo: "O meu desenho é um som da natureza, é gostoso de ouvir e, quando aparece, é comprido, forte e é mais agudo"; "O meu som é de uma coisa grande, que o homem fabrica, e é um pouco rouco e grave"; "O meu som é da natureza, começa fraquinho e vai ficando cada vez mais forte e rápido. Depois começa a ficar devagar e mais fraco e termina"[18].

- Com essas dicas, os colegas tentam adivinhar, e quem conseguir fica com a cartela. A criança vencedora será a que tiver mais cartelas.

- Após essa brincadeira de aquecimento, a proposta é separar em um grupo os desenhos que possuem som grave e em outro grupo os que possuem som agudo. Essa questão deve ser discutida, já que a altura dos sons é relativa, mas o professor pode ajudar mostrando que na maio-

---

18 *Estas frases são de crianças de sete anos. A resposta da primeira é vento, a da segunda é motor de carro e a da terceira é chuva.*

ria das vezes os objetos, os animais, a voz humana possuem uma região predominante. Por exemplo: a voz de um homem pode ser mais aguda do que a de outro, mas, no geral, é uma voz grave, portanto deve ficar no grupo dos sons graves.

- Outra questão que pode aparecer é a de sons que não são tão graves para ficar no grupo dos graves nem tão agudos para ficar no grupo dos agudos. Nesse caso, o professor pode criar um grupo intermediário: os sons médios. É interessante que o professor faça um painel no qual os desenhos possam ser fixados. A atividade pode ser complementada com a pesquisa em revistas, e o professor pode determinar a categoria a ser pesquisada, como objetos de cozinha que produzam som, e propor que sejam recortados e colados no lugar correspondente no painel das alturas.

Antes de propor essa atividade, certifique-se de que a percepção e os termos grave/agudo são familiares ao grupo. Se for uma questão de não familiaridade com os termos, não há problema algum se a percepção do conceito for entendida. Caso você use, por exemplo, "grosso/fino", pode ser uma boa hora para introduzir os termos específicos "grave/agudo".

⇨ O que desenvolvemos com esta atividade?

Sensibilização ao mundo sonoro – Percepção da altura do som – Concentração

16. OUÇA, PERCEBA E CORRA

Como a criança se relaciona com o aprendizado da arte e como o lúdico pode fazer parte dessa relação? Esse é um tema que requer um estudo mais aprofundado do que é possível neste texto, mas o propósito em apresentá-lo é apenas suscitar uma reflexão a respeito como ponto de partida para a criação das atividades musicais.

A arte para a criança não possui valor estético, mas o fazer artístico, para ela, constitui uma atividade, um simples fazer[19]. Essa é a diferença fundamental entre a criança e o adulto em relação à arte.

A partir dessa premissa, quando uma criança produz um objeto artístico, seja ele uma escultura, um desenho ou uma peça musical, ela não tem a intenção de fazer arte nem parte de qualquer concepção artística, simplesmente ela brinca com as formas, linhas, imagens, ideias sonoras. Dessa maneira, quando propomos qualquer atividade artística para crianças, esta constitui apenas mais uma forma de brincar.

---

19 DUARTE Jr., J. F. *Fundamentos Estéticos da Educação*. São Paulo: Papirus, 1994.

Se o lúdico é a forma mais natural e prazerosa de a criança se relacionar com o mundo e, por consequência, com qualquer objeto de conhecimento, é relevante considerarmos esse dado no planejamento das atividades musicais.

O trabalho de educação musical é muito amplo e não se restringe apenas ao desenvolvimento da percepção auditiva, mas a musicalidade dos alunos se enriquecerá se esse primeiro contato, essa sensibilização ao mundo sonoro e ao próprio fenômeno sonoro, for bem desenvolvido.

Tomando como orientação básica dessa etapa a exploração do som e dos seus elementos fundamentais, o cuidado de desenvolver em si próprio o conhecimento desses conteúdos e tendo o jogo como um elemento fundamental na relação da criança com o aprendizado artístico, temos condições de elaborar um plano de trabalho musical, criando atividades variadas e adaptando jogos populares ao conteúdo musical.

Atividade

- Escolha dois instrumentos iguais, como dois sinos, dois triângulos, dois tambores, que tenham uma diferença de altura razoável (um grave e outro agudo). Caso tenha à disposição teclado, piano, flauta ou mesmo uma escaleta, toque o som mais grave e o mais agudo nesses instrumentos. Toque os dois sons e faça com que as crianças percebam a diferença de altura.

- Divida a turma em dois grupos e forme duas filas em frente a um círculo desenhado no chão. Coloque nesse círculo dois cartões, um com a letra A, representando o som agudo, e outro com a letra G, o som grave. Se o seu grupo de crianças não for alfabetizado, invente algum símbolo para cada som.

- O objetivo do jogo é conseguir pegar o cartão da altura correta, ao ouvir o som do instrumento.

- Quando você tocar um dos instrumentos, por exemplo, o de som grave, o primeiro de cada fila deve ouvir, perceber e correr até o círculo, pegando o cartão correspondente, isto é, com a letra G. O aluno que conseguir pegar o cartão correto primeiro conquistará um ponto para o seu grupo. O jogo segue com o segundo de cada fila e um novo som tocado pelo professor, continuando dessa forma até o final. O grupo vencedor será aquele que tiver mais pontos.

Sendo um jogo competitivo e com regras bem definidas, esta atividade é mais adequada às crianças maiores de oito anos. Mas é possível adaptá-la às crianças menores, excluindo a competição entre as duas filas e realizando o exercício apenas com uma criança de cada vez. Nessa situação, o desafio será pegar o cartão correto até o professor, que estará de costas tocando o instrumento, virar-se.

⇨ O que desenvolvemos com esta atividade?

Percepção da altura dos sons – Concentração – Agilidade nos reflexos

17. INTENSIDADE

Intensidade é o termo musical para **volume** do som. A sensação de um som **fraco** ou **forte** é o que denominamos **intensidade do som**.

No estudo da acústica, o volume do som é medido em decibéis. Em relação ao volume sonoro, não são todos os sons que podemos ouvir. O som com menor volume, isto é, o mais fraco que identificamos, mede de 10 a 15 decibéis. Já os sons acima de 90 decibéis, aproximadamente, são prejudiciais à saúde. Quanto maior o tempo de exposição aos sons acima dessa intensidade, maior o prejuízo à nossa audição.

A consciência desse dado é muito importante, pois estamos imersos, principalmente nos grandes centros urbanos, em uma verdadeira nuvem de poluição sonora. O perigo se encontra na acomodação a essa realidade, permitindo um ensurdecimento gradual sem a real percepção da situação. É preciso sensibilizar a escola sobre essa realidade, pois esta é uma questão que também passa pela educação.

Ao desenvolver a percepção sonora, é importante vivenciar as diversas sensações provocadas pela intensidade do som. As crianças, em geral, ficam muito excitadas com sequências de sons muito fortes; com sons muito fracos, tendem a ficar mais paradas e atentas. O professor pode explorar essas duas reações normais em atividades lúdicas.

Um fato a ser cuidado é a confusão que, normalmente, acontece entre a intensidade e outros parâmetros, como intensidade-altura e intensidade-duração. Experimente pedir aos alunos que batam suas mãos na mesa, produzindo sons bem fortes. Geralmente, o que vai acontecer é uma sequência de sons fortes e rápidos, sendo que o pedido oposto, isto é, bater as mãos produzindo sons bem fracos, resultará em sons fracos e lentos, às vezes em câmera lenta.

Essa associação de parâmetros, forte-rápido e fraco-lento, acontece muito frequentemente, e é importante que trabalhemos com ela e com a sua dissociação: forte-lento e fraco-rápido. Exemplificaremos, a seguir, com uma atividade. A outra associação, intensidade-altura, também acontece muito usualmente. Ao nos referirmos a um som grave, o relacionamos também com um som forte, e ao nos referirmos a um som agudo, o relacionamos com um som fraco. Esta dissociação de parâmetros também deve ser abordada.

Atividade

- A partir de um tema, crie uma história através da qual você consiga trabalhar o conceito de intensidade. Vou começar para você: é meia-noite, e o relógio bate as doze badaladas. Um vento frio sopra muito levemente. Ninguém nas ruas. Silêncio total! De repente, um grito! O céu fica negro, o vento sopra cada vez mais forte, ouve-se um trovão...

- Conte a história e proponha aos alunos que a dramatizem durante a sua narração, improvisando as cenas. Você pode sonorizar a história com instrumentos musicais, objetos sonoros ou mesmo a voz. Por exemplo: bater em uma bandeja de inox as doze badaladas; soprar para o vento leve; usar a voz para o grito; balançar uma chapa de pulmão para o trovão.

- Em outro momento, retome os efeitos sonoros utilizados e comente as características de cada som, destacando as intensidades diferentes.

- Você também pode propor que a criação seja coletiva, isto é, você começa e o grupo cria junto a história e os eventos sonoros.

- Uma outra variação é propor que se faça o levantamento de alguns eventos sonoros a partir de um tema específico, como uma noite mal-assombrada. Depois, uma análise em relação à intensidade desses sons e uma seleção para a construção de uma história. A partir desses eventos cria-se a história.

⇨ O que desenvolvemos com esta atividade?

Percepção da intensidade do som – Criatividade

18. PAINEL DE INTENSIDADES

"Hoje, em todos os lugares do mundo, a paisagem sonora está mudando. Os sons estão se multiplicando ainda mais rapidamente do que as pessoas, à medida que nos rodeamos com mais e mais dispositivos mecânicos. Isso está produzindo um ambiente mais barulhento e há crescentes evidências de que a civilização moderna pode estar se ensurdecendo com ruídos [...] De fato, a paisagem sonora moderna tem estimulado o desejo por ruído. Com o aumento dos níveis sonoros nos ambientes de trabalho e nas ruas, também foram procurados níveis mais altos de sons, tanto nas músicas como nas atividades recreativas[20]."

Esse trecho, retirado do livro *Educação Sonora*, de Murray Schafer, apresenta algumas questões importantes. É um espaço de reflexão e de propostas para um trabalho de percepção sonora a ser desenvolvido em escolas.

É fato que cresce, na sociedade atual, o apetite pelo ruído. No dia a dia, mesmo na escola, fala-se normalmente em volumes altos; as crianças sempre gritam muito; os adolescentes, jovens e muitos

---
[20] SCHAFER, M. *Educação Sonora*. São Paulo: Unesp, 1992.

adultos gostam de ouvir música em volumes altíssimos; nos espaços das festas infantis os monitores acreditam que quanto maior o barulho, maior a alegria; o som nas baladas passa dos limites recomendados pela Organização Mundial da Saúde (OMS); e muitas outras situações podem ser citadas nas quais os próprios educadores estimulam o gosto por ambientes ruidosos.

Paralelamente a essa situação, aumenta-se o número de crianças e adolescentes que apresentam dificuldades de concentração, agitação, hiperatividade e outros males comuns a nossa época. O silêncio saudável, aquele que traz reflexão, introspecção e concentração, torna-se cada vez mais difícil de se conseguir.

Um bom trabalho de percepção sonora, sensível e cuidadoso, pode tornar-se um caminho de sensibilização e transformação dessa realidade.

Na proposta a seguir, a etapa do levantamento dos sons mais comuns dentro de uma casa pode tornar-se o ponto de partida para uma reflexão sobre a intensidade desses sons, sua densidade (número de acontecimentos sonoros simultâneos) e as sensações que elas nos causam. A simples reflexão e consciência sobre quais sons nos agradam e quais nos desagradam na nossa própria casa pode ser o início de um movimento de transformação.

Atividade

- Proponha ao grupo uma conversa sobre os sons que fazem parte do dia a dia da casa de cada um. Após esse diálogo, faça um levantamento dos sons comuns ao grupo. Separe esses sons em grupos, escolhendo o critério de classificação, de acordo com os cômodos da casa (cozinha, sala, banheiro...), com o período do dia (manhã, tarde, noite) ou outros.

- Escreva os sons em uma cartela ou proponha que as crianças procurem em revistas as cenas ou objetos da lista e os recortem. Diante da lista dos sons escolhidos, proponha que o grupo os imite vocalmente, procurando a melhor forma de fazê-lo. Durante esse processo, vá comparando um som ao outro, apontando as diferenças, semelhanças e características. Aponte os elementos fundamentais do som: intensidade, timbre, altura e duração.

- Proponha a confecção de um painel no qual o grupo colará os desenhos, recortes ou cartelas de acordo com a intensidade usual da cena, da ação ou do objeto. Pode-se começar com os extremos do painel, evidenciando o contraste forte/fraco.

- Após a colagem dos extremos, acrescentar os

sons intermediários, colocando-os em série, usando, por exemplo, os termos que utilizamos em música: ff - f - mf - p - pp. Estas são abreviações de palavras em italiano que vão do fortíssimo (ff) ao pianíssimo (pp), que significa um som muito leve.

⇨ O que desenvolvemos com esta atividade?

Percepção da intensidade do som –
Sensibilização ao ambiente acústico –
Classificação – Seriação

19. OUVINDO COM O CORPO

A criança é corpo, movimento, ação. Uma criança saudável anda pouco, mas salta, pula, roda e corre muito; ela pensa se movimentando.

Essa intimidade com o movimento deve ser aproveitada nas aulas de educação musical, pois música é som, silêncio e movimento. É um fluir sonoro no tempo.

A criança demonstra muito prazer nas atividades musicais em que utilizamos o movimento. Além desse prazer, ela consegue uma maior consciência dos elementos musicais experimentando-os, primeiro, no seu corpo. É como se, realmente, ela ouvisse com o corpo. Mesmo com os adolescentes e adultos, o conhecimento musical torna-se muito mais consistente se, também, vivenciado pelo corpo e não somente pelo intelecto.

Tocar, mesmo que simples pulsações em um tambor, exige uma grande coordenação motora. Sentir essas batidas no seu corpo, como um todo, em movimentos amplos facilita, posteriormente, o movimento específico de segurar uma baqueta, coordenar braços e mãos e realizar o movimento do tocar.

Existem muitas possibilidades de uso do corpo com o objetivo de desenvolver a percepção dos parâmetros musicais, mas a **intensidade** e a **duração** são os elementos que mais propiciam esse tipo de exercício.

A seguir, descreveremos uma atividade enfocando a **intensidade do som,** mas também abordando elementos relacionados à duração (elementos rítmicos).

Atividade

- Proponha que as crianças andem pelo espaço da sala, explorando as várias direções, acompanhando os "passos do tambor" (pulsações: batidas regulares num espaço de tempo). Quando o tambor parar de tocar, elas deverão parar o movimento imediatamente.

- Faça várias sequências de pulsações, mudando o andamento[21] entre elas, isto é, sequências com pulsações rápidas, outras com pulsações lentas, outras com pulsações moderadas.

---

21 *Andamento* provém do italiano, língua utilizada tradicionalmente na Música. É a velocidade das pulsações que norteiam a peça musical. Ele é determinado no princípio da peça e algumas vezes no decurso da mesma. Os termos são, geralmente, em italiano, mas muitos compositores os utilizam na própria língua. Como exemplo de termos italianos: Presto, Largo, Moderato etc.; e em português: Depressa, Devagar etc.

- Após esse aquecimento, toque sequências explorando a intensidade das batidas no tambor. Toque uma batida forte, uma fraca, várias batidas associando forte/rápido, forte/lento, fraco/lento e fraco/rápido. As crianças devem reagir ao som com movimentos naturais, moldando seus corpos em diferentes formas no espaço.

Você pode propor o exercício usando imagens, como na primeira etapa: os seus pés estão ligados diretamente ao som do tambor; o que o tambor "falar", seus pés também falarão. Já na segunda, você pode sugerir que elas imaginem que são massinhas de modelar que esticam, encolhem e enrolam de acordo com o som do tambor; lembrando que, quando o tambor para, a massinha endurece e não se movimenta mais.

Em uma terceira etapa, você pode conduzir um breve relaxamento, por meio de uma história ou mesmo aproveitando a imagem da massinha.

⇨ O que desenvolvemos com esta atividade?

Reação corporal ao som –
Percepção do andamento –
Percepção da intensidade do som

20. DURAÇÃO

A **duração** é o parâmetro do som que não causa dúvida alguma em relação à sua terminologia, pois medir o tempo das várias situações é uma ação do nosso cotidiano. Estamos acostumados a organizar as nossas ações com base na medição do tempo. Dessa forma, perceber e medir a duração do som, se é curto ou longo, é um conceito fácil de se entender.

Duração é a medida do prolongamento de um determinado som em um determinado espaço de tempo. A duração do som relaciona-se com o **aspecto rítmico** da música e seus elementos fundamentais. Willems diz em seus textos que ritmo é movimento ordenado, e o educador musical deve embasar suas atividades de desenvolvimento do sentido rítmico "no instinto do movimento corporal que desperta a imaginação motriz, chave do ritmo musical, assim como de todo ritmo artístico"[22]. Partindo desse princípio, utilizamos muitas atividades de movimento para desenvolvermos a percepção da duração e do aspecto rítmico.

---

22 WILLEMS, Edgar. *Educacion Musical. Vol. I. Guía Didáctica para el Maestro*. Buenos Aires: Ricordi Americana, 1966.

O aspecto rítmico está relacionado à duração dos sons, mas neste momento o foco das propostas será apenas a **duração do som**.

Para desenvolver a percepção da duração do som utilizaremos os mesmos princípios das atividades com os outros parâmetros: explorar, identificar, comparar, classificar, imitar e criar.

Atividade

- Proponha uma conversa sobre a duração dos sons. Você pode iniciar esse diálogo com algumas indagações: Quais sons à nossa volta vocês conseguem imitar? Qual é o mais curto? E o mais longo? Quem sabe imitar um som bem curto e que seja da natureza? E um som curto que seja produzido pelo homem? E um som longo da natureza? E um som que a gente faça naturalmente com a nossa própria voz?

- Após explorar bastante essa primeira etapa, peça a um aluno que cante um som, curto ou longo, e ao mesmo tempo faça um movimento com o braço. Todos devem imitá-lo, procurando a precisão da imitação vocal e gestual. Em seguida um outro e assim por diante. A cada imitação chame a atenção do grupo para a diferença de duração entre os vários sons.

- Proponha a ideia de "medir" o som. Você pode usar barbante, fita, linha. Pegue o rolo de barbante e vá desenrolando à medida que o som se prolonga no tempo. Combine um sinal para começar e terminar a execução vocal. Quando o som parar, pare de desenrolar o barbante e corte o pedaço correspondente. Repita várias vezes mudando a duração dos sons. Não se esqueça de usar contrastes, pois em uma primeira etapa de trabalho é sempre interessante ressaltar os extremos: muito longo, muito curto, médio. Você pode explorar mais a atividade medindo sons da escola, como o sinal da entrada, a campainha, o telefone, o apagador na lousa e outros mais.

- Após esse trabalho de exploração, retome o som feito por cada aluno junto com o gesto e meça cada um, cortando o barbante de acordo com a duração.

- Dê pequenas cartelas a cada criança e peça que elas colem o barbante do jeito mais parecido com a execução vocal, procurando "desenhar" também a articulação e o movimento sonoro. Por exemplo: um som longo e uniforme com a vogal *u* pode ser colocado como uma linha reta; um som com a vibração da língua com as consoantes *tr* pode ser representado com um barbante ondulado. Esses são apenas exemplos, o professor deve incentivar o aluno a descobrir como ele realizaria a sua representação, chamando a atenção para os elementos sonoros ali presentes. A partir daí, você pode montar uma partitura de sons. Cante, grave, ouça, comente!

⇨ O que desenvolvemos com esta atividade?

Percepção da duração do som – Representação gráfica do som – Criatividade

21. OFICINA DE BONECOS

O foco deste texto ainda é a duração do som, mas na dimensão dos elementos rítmicos. A relação do movimento corporal com o aspecto rítmico é espontânea e deve ser aproveitada na educação musical. Ritmo é movimento ordenado, e movimento é reação natural ao ritmo.

O objetivo da atividade é desenvolver a percepção de três sequências de durações com uma relação de medida entre elas: **longa, média e curta**. Uma sequência é a de vários **sons curtos e iguais,** como o sinal de um telefone quando está ocupado; outra é a sequência de **sons de duração média e iguais**, sempre num mesmo **pulso**, como quando batemos palmas em um teatro querendo bis, ou os passos de um andar calmo, não muito lento, ou o tique-taque de um relógio; outra é a sequência de **sons longos,** como o soar de um sino ou o som de chamada de um telefone.

Pulsação ou pulso é uma **sequência de batidas iguais e regulares**. Na maioria das músicas encontramos um pulso, que é um dos principais elementos rítmicos. Geralmente, quando ouvimos música, acompanhamos com um balançar do corpo ou batidas dos pés na pulsação da música, mesmo sem ter consciência desse conceito musical.

A sequência de sons de duração média que citamos no parágrafo anterior é uma série de **pulsações**. Os sons mais curtos são **subdivisões** dessa pulsação, e os sons mais longos são o **dobro dessa pulsação média,** tomada como referência.

É interessante que o professor, antes de propor a atividade, pegue um tambor e execute as diferentes sequências de duração para experimentar o seu próprio senso rítmico.

Atividade

Ritmo, movimento, criança e história. Quatro palavras juntas para serem vivenciadas corporalmente por seus alunos. Faça as adaptações da história para a faixa etária do seu grupo ou invente outra.

"Era uma vez um velhinho que tinha uma oficina de bonecos. Bonecos de todos os tipos e tamanhos. Todos na vizinhança o chamavam de Vovô Geraldo.

Vovô Geraldo não só fazia bonecos, como também os consertava. Os bonecos de que ele mais gostava eram os da família dos bonecos de corda. Essa família era composta por três bonecos: o Tique-Taque, que, ao darmos corda, andava para a frente e para trás em passos calmos, um pé após o outro, como um relógio; o Corre-Corre, que era o apressadinho, andava sempre com passos curtinhos e rápidos; e o Dorminhoco, que era o preguiçoso, andava sempre muito mole, com passos largos e longos.

Como Vovô Geraldo era muito legal, a criançada vivia na oficina brincando com os bonecos e adorava imitá-los, andando para lá e para cá. O mais divertido era quando, no meio da brincadeira, Vovô pegava o boneco louco. Era assim que as crianças o chamavam, pois era um boneco movido a pilha que dava piruetas, andava muito rápido e de repente muito devagar, cambaleava como um bêbado e sem esperar dava um pulo e caía no chão, roncando. Assim as crianças passavam horas na oficina, até escurecer e Vovô Geraldo mandá-las para casa, para dormir."

- Conte a história com um tambor na mão, tocando os passos de cada boneco, e proponha aos alunos que se movimentem de acordo com o tambor. É interessante que o professor escolha um som para a corda (sugestão: o reco-reco ou a matraca). O boneco louco é o sem métrica, isto é, não possui **pulso regula**r; portanto, em determinado momento, você tocará sequências de sons rápidos e, em outro momento, sons lentos, alternando o tempo de duração entre uma e outra batida no tambor.

- Conduza a brincadeira, indicando a entrada em cena dos diferentes bonecos. Em um primeiro momento, fale qual boneco entra em cena, ao mesmo tempo que toca os passos correspondentes. No entanto, com o desenrolar da história e a familiarização das crianças com os bonecos e o pulso correspondente, você deve simplesmente mudar de boneco, alterando as batidas no tambor, e o grupo terá que adivinhar qual é o boneco, apenas pela referência sonora do tambor, mudando, assim, o jeito de andar e imitando o boneco correspondente.

⇨ O que desenvolvemos com esta atividade?

Reação corporal ao som – Percepção
da duração do som –
Percepção do pulso – Desenvolvimento
do senso rítmico

II. ESCUTA ATIVA

O objetivo primeiro do trabalho de apreciação musical é criar e estimular o hábito de ouvir música. Este bloco refere-se às atividades que desenvolvem a percepção de elementos da estrutura musical, como frases, formas, isto é, da sintaxe da linguagem, como também propostas que estimulam o conhecimento do contexto histórico, social, enfim, cultural no qual a música está inserida.

Existe uma diferença semântica entre ouvir simplesmente e escutar. Para desenvolver uma escuta ativa, o professor deve propiciar momentos específicos para se ouvir música, nos quais os alunos são estimulados a identificar elementos estruturais da linguagem, ampliando, progressivamente, a concentração e a consciência desses elementos musicais.

A música é uma linguagem, portanto, qualquer obra musical faz parte de um determinado momento histórico e está inserida em um contexto sociocultural específico. Conhecer esse contexto que envolve uma obra musical, assim como dados do compositor, pode ampliar a percepção do aluno. Outra possibilidade de trabalho nesse campo de atuação é a realização de projetos com outras disciplinas afins que possam abarcar o tema de estudo a partir do momento histórico, do compositor, da letra da canção ou de qualquer outro dado de integração.

A escolha do repertório para essa escuta deve ser cuidadosa, com critérios bem definidos. A diversidade de estilos, gêneros, momentos históricos, culturas é importante, mas a qualidade musical deve ser a referência primeira no momento da decisão.

1. OUVINDO MPB – 1

Organizamos os próximos quatro textos em um bloco com uma única proposta de apreciação musical. Este pequeno bloco de atividades tem como objetivo estimular o hábito de ouvir música e aproximar a criança do universo da Música Popular Brasileira (MPB). Escolhemos a MPB por sua importância na produção musical brasileira e representatividade cultural. O nosso propósito é pensar a MPB na educação musical e algumas formas de ouvi-la, conhecê-la e apreciá-la junto às crianças.

Neste bloco de atividades apresentaremos algumas reflexões que podem se tornar ponto de partida para a criação das atividades a ser desenvolvidas com as crianças.

O repertório da música tradicional tem sido a base e o ponto de partida para a maioria dos métodos de iniciação musical, desenvolvidos na Europa e nos Estados Unidos, muitos dos quais influenciaram as diversas concepções de educação musical presentes no Brasil.

A riqueza da música tradicional brasileira é grande, e com certeza temos em mãos um imenso repertório a ser utilizado em nossas aulas. Sem desconsiderar esse rico acervo, temos também a música popular brasileira, que possui uma diversidade de gêneros, uma riqueza melódica e rítmica sem igual e que ocupa um lugar de destaque na história cultural do país.

Observe como algumas canções da MPB possuem tal identidade cultural que são capazes de despertar a familiaridade própria das músicas folclóricas. Quem não tem essa sensação ao ouvir "Quando olhei a terra ardendo, qual fogueira de São João..." ou "Minha jangada vai sair pro mar, vou trabalhar, meu bem querer..."? São melodias que nos dão a mesma sensação de ser brasileiro que experimentamos ao ouvir "Ciranda, cirandinha" ou "Nana nenê"!

Muitas canções da MPB, mesmo não tão "clássicas" como "Asa Branca" (Luiz Gonzaga / Humberto Teixeira) ou "Suíte dos Pescadores" (Dorival Caymmi), são também muito representativas e até marcos de vários momentos históricos e sociais.

Considerando o valor histórico e cultural da MPB, algumas indagações: *Será que as crianças e os adolescentes estão se apropriando dessa riqueza cultural? Qual o papel dos educadores em relação à transmissão dessa história? Os educadores estão preparados para fazer chegar até nossas crianças nomes como Chiquinha Gonzaga, Pixinguinha, Noel Rosa, Dorival Caymmi, Vinícius de Moraes, Tom Jobim, Chico Buarque, Caetano Veloso, Gilberto Gil, Milton Nascimento e tantos outros? Quais os nomes da atual geração da MPB? Estamos informados e atualizados? O que é veiculado pela mídia? Como trabalhar o aspecto da qualidade musical?*

Mais do que obter respostas, a intenção é promover a reflexão, aproximar as crianças da música popular brasileira, de seus personagens, sua história e suas canções, como ponto de partida para o desenvolvimento de um trabalho de apreciação musical, do primeiro ano até o ensino médio, com suas devidas adaptações.

A seguir, sugerimos algumas propostas de como iniciar esse trabalho. O objetivo desta primeira etapa é definir a maneira como você introduzirá o tema MPB no seu grupo. Esta etapa deve ser pensada cuidadosamente, pois o modo como se realiza uma atividade determina, muitas vezes, o maior ou menor envolvimento das crianças.

Atividade

Existem inúmeras maneiras de iniciar este trabalho. Com certeza, você escolherá qual se adaptará melhor ao seu grupo ou poderá pensar, ainda, outra maneira que considere mais adequada. A seguir apontaremos algumas sugestões.

1. Pergunte às crianças o que quer dizer MPB. É um nome, uma sigla ou o quê?

   - A partir das respostas das crianças, comece uma conversa sobre o tema.

Como ilustração, algumas respostas dadas por crianças do primeiro ano (seis anos) de uma escola particular de educação infantil e ensino fundamental de São Paulo, em um trabalho desenvolvido pela professora *Núbia Coqueiro*:

"Eu não tenho a menor ideia!"
"Coisa de artista, deve ser..."
"Eu não tenho a menor ideia, mas deve ser coisa de artista mesmo!"
"É. Eu também acho."

2. Escolha uma música que você queira trabalhar com o grupo. Você pode orientar sua escolha a partir de um tema relacionado a algum projeto em desenvolvimento, do texto da canção ou da própria qualidade da música.

   - Apresente a música às crianças.

- Faça algumas perguntas, como: *Vocês conhecem essa música? Conhecem quem está cantando? Sabem qual instrumento está sendo tocado?* Enfim, crie nas crianças algum interesse pela música em questão.

3. Inicie uma conversa com as crianças sobre música. Seria interessante se conseguisse aproveitar um momento em que esse tema aparecesse no grupo espontaneamente. Caso não seja possível, apresente o tema. Encaminhe a conversa para estas três maneiras de se relacionar com música: cantar, tocar e ouvir.

Você pode, também, colocar questões como: *Quem sabe o que significa a palavra cantor? Quem sabe o que significa a palavra compositor? E a palavra instrumentista?*

- Separe algumas revistas que possam ser recortadas. Proponha às crianças que tentem achar imagens de pessoas que estejam realizando uma dessas três ações citadas anteriormente.

- Faça um quadro com os recortes e trabalhe a observação das imagens, colocando em evidência algumas questões, como: *Quais instrumentos aparecem nos recortes? Quem conhece algum músico destes recortes? Quem sabe o nome de algum músico que toca violão?*

⇨ O que desenvolvemos com esta atividade?

Reflexão – Habilidade de argumentação – Expressão verbal – Conhecimento sobre MPB

2. OUVINDO MPB – 2

A música popular brasileira apresenta numerosa variedade de ritmos e gêneros que traduzem a diversidade do país. Essa história foi sendo construída desde o fim do século XVIII no Brasil Colônia, principalmente nas cidades do Rio de Janeiro e Salvador. Uma história de mais de dois séculos, com muitos personagens e um imenso repertório a ser desvendado. Realmente, a reflexão apresentada no texto anterior (os educadores estão preparados para fazer chegar até as crianças os grandes nomes da MPB?) se faz pertinente. Podemos ainda acrescentar outras, como: *O que ouvir em meio a tantas opções? O que cantar? Quais critérios escolher? Por onde começar?*

Uma das respostas encontra-se na pesquisa do próprio professor. Buscar informações, ouvir muita música, ampliar o seu próprio repertório. O contato com a música torna-se cada vez mais rico à medida que ouvimos muita música, explorando essa gama imensa de gêneros e ritmos brasileiros. Ouvir, ouvir e ouvir. A criança se contagia quando sente que algo é verdadeiro para o professor. Deixe se envolver por essa história!

Com certeza, muitas questões irão emergir dessa pesquisa individual. *O que diferencia um xote de um baião? Qual a instrumentação característica de um chorinho? Quem foi Chiquinha Gonzaga? Tom Jobim estudou música erudita? Isso é um samba-rock? Samba-rock é brasileiro? Será que isso é uma moda de viola? Por que essa música é considerada comercial? Eu devo trabalhar com os alunos a música veiculada pela mídia, com um apelo estritamente comercial? Qual o significado desta música em um contexto educacional? Como posso perceber a qualidade de uma música? Como compartilhar essas questões com as crianças?* E tantas outras mais.

A pesquisa, a reflexão permanente e a sensibilidade do educador ao que emerge no dia a dia da sala de aula são as condições que nortearão as escolhas do professor em meio a tantas possibilidades e questões.

A seguir, na segunda etapa do trabalho, a proposta é dar continuidade à atividade iniciada no texto anterior.

Atividade

- Peça aos alunos que tragam para a escola uma música de MPB, selecionada junto com os pais. Neste momento, você, professor, poderá colocar alguns parâmetros para orientar essa escolha, pois será muito difícil desenvolver um trabalho consistente se o material trazido pelas crianças for muito pobre musicalmente. Entretanto, é importante que você saiba acolher a música trazida pelo aluno, mesmo que você não a considere muito adequada. Essa é uma questão complexa, pois envolve outras questões que não somente as musicais. No entanto, é uma oportunidade para uma reflexão sobre a música estritamente comercial ou mesmo sobre canções que tenham letra com qualidade literária muito ruim ou até mesmo com um vocabulário muito vulgar. Com certeza, você vai se preparar adequadamente para orientar essa discussão!

- Faça um cronograma que garanta que todos ouçam todas as músicas trazidas pelas crianças do grupo. Durante essas audições aproveite para enfocar elementos musicais a ser percebidos e, gradualmente, defina o campo que o grupo irá trabalhar, isto é, o compositor ou o cantor ou a fase da MPB; enfim, o tema para a pesquisa posterior.

- Após a definição do tema a ser pesquisado, proponha uma pesquisa com os pais. Elabore as perguntas com as crianças a partir de uma conversa na classe.

- Comente com as crianças as respostas da pesquisa.

Como ilustração apresentaremos algumas perguntas elaboradas por crianças de seis anos, de uma escola municipal, em um trabalho que seguiu as etapas descritas acima:

O que você ouvia quando tinha nossa idade?
Agora que você é grande, que músicas gosta de ouvir?
Você sabe o que é MPB?
Você gosta de MPB?
Sabe falar o nome de um compositor importante da MPB?
Você já ouviu alguma música do Vinícius de Moraes?
Você tem foto ou CD desse compositor?
Você sabia que ele tocava violão?
Você sabe cantar uma música dele?

⇨ O que desenvolvemos com esta atividade?

Reflexão – Habilidade de argumentação – Concentração – Expressão verbal – Conhecimento sobre MPB – Conhecimento sobre como organizar uma pesquisa

3. OUVINDO MPB – 3

Qual o papel do educador em uma época de mudanças tão rápidas, sem igual na história da humanidade? Como atuar em um mundo globalizado e diante de crianças que acessam as informações por meios cada vez mais diversos e de forma tão mais rápida do que os próprios adultos? Como propiciar aos alunos um envolvimento com o aprendizado? Quais são as formas mais adequadas na mediação entre aluno e conhecimento?

Essas são indagações comuns encontradas nos diversos contextos educacionais da atualidade que refletem a inevitável mudança do papel do educador no século XXI.

Não se pode negar o poder e a grande influência exercida pelos diversos veículos de comunicação sobre o gosto musical das pessoas. Esse fato requer uma reflexão sobre o papel da educação diante dessa realidade. A questão é mais complexa do que a posição ingênua que, simplesmente, aponta a mídia como "o grande monstro" a ser combatido, até porque grandes avanços tecnológicos foram trazidos por esses próprios meios e artisticamente muito bem aproveitados. Mas se faz necessária uma urgente revisão de nossa atuação como educadores cientes de que os meios de comunicação possuem uma intensa penetração na vida das pessoas e uma poderosa influência na formação do "gosto musical" das crianças e dos adolescentes e de que, infelizmente, grande parte da música propagada por esses meios é de péssima qualidade.

O contato da criança com a música pode se tornar mais uma possibilidade de percepção do mundo e de si própria. Ouvir músicas que não se conhecia, conhecer compositores, cantar e ouvir músicas que contam histórias de lugares e pessoas, ampliam horizontes e, através do conhecimento do outro, ampliam o conhecimento de nós mesmos.

Ampliar horizontes é criar novas conexões, relacionar informações. Este trabalho pode possibilitar a integração com outras áreas do conhecimento, realizada pelo próprio professor ou em projetos integrados com outras disciplinas.

A seguir, damos continuidade à pesquisa realizada na proposta do texto anterior.

Atividade

- Organize com as crianças os dados recolhidos na pesquisa anterior com os pais, nas conversas com o grupo, na audição das músicas, nos recortes de revistas, nas reportagens de jornais.

Você pode fazer um mural dividido em quadros, no qual o material possa ser visualizado. Por exemplo:

1) dados sobre quem é o compositor estudado: onde nasceu, fotos de várias épocas, nomes ou fotos dos pais, esposa(o), filhos (as crianças se interessam muito por essas informações);
2) informações a partir do(s) instrumento(s) que o compositor toca, isto é, se é de corda, percussão, sopro ou teclado, fotos de outros instrumentos da mesma família;
3) parceiros mais frequentes, isto é, outros compositores ou cantores ou instrumentistas que, geralmente, trabalham com o compositor;
4) vestuário e costumes da época, caso você esteja estudando um compositor de algumas décadas atrás, ou mesmo se ainda atuante hoje, mas o enfoque foi dado ao início de sua carreira. Exemplo: Caetano Veloso na época dos festivais;
5) um mapa destacando o estado em que o compositor nasceu;
6) lista das músicas trazidas pelas crianças e ouvidas em classe.

Como já falamos anteriormente, o professor pode conduzir estudos em outras áreas do conhecimento ou mesmo desenvolver esse pequeno projeto em parceria com colegas de áreas específicas a partir das informações colhidas no material de pesquisa. A seguir, sugerimos atividades em determinadas áreas. Essas atividades já foram aplicadas em grupos de crianças entre seis e dez anos, em um projeto desenvolvido em uma escola pública do ensino fundamental de São Paulo.

Português

Realize um trabalho de leitura e escrita sobre uma das músicas da pesquisa anterior (selecione a mais adequada ao seu objetivo). Você também pode enfocar um determinado conteúdo que a classe esteja trabalhando ou mesmo realizar um trabalho de interpretação de texto, principalmente com as crianças maiores.

História

Pesquisa do vestuário, objetos e costumes da época de nascimento ou atuação do compositor pesquisado. Pode-se iniciar a pesquisa com as fotos do mural e o material recolhido na pesquisa com os pais.

Geografia

Localização da cidade ou estado onde nasceu o compositor em estudo. A referida cidade pode ser destacada de alguma forma em um mapa, que será afixado no mural. Se a pesquisa se estender a outros compositores, pode-se destacar cada cidade de origem no mesmo mapa.

Matemática

A partir da idade do compositor, pode-se, de acordo com a faixa etária trabalhada, desenvolver algumas questões, comparando a idade com a das crianças ou com a dos seus pais, data de nascimento etc.

⇨ O que desenvolvemos com esta atividade?

Habilidade para organizar informações – Habilidade para relacionar informações – Conhecimento sobre MPB – Reflexão – Concentração

4. OUVINDO MPB – 4

Este é o último texto deste bloco de atividades de apreciação musical, que teve como tema a MPB.

As propostas sugeridas foram organizadas no formato de um projeto, com começo, meio e fim, para ser desenvolvido em grupos de diversas faixas etárias, com as devidas adaptações.

O objetivo principal, ao inserir a escuta da MPB dentro de um único projeto, é ampliar a percepção da própria escuta através das possíveis conexões entre as informações e experiências musicais vividas pelas crianças.

Mais uma vez, vale destacar a importância de propiciar situações que ampliem o repertório de escuta de nossos alunos e criem o hábito de ouvir música com discernimento e reflexão.

Atividade

- Selecione uma música, entre as pesquisadas pelo grupo, para realizar um trabalho musical. O critério de escolha deve ser de acordo com o tipo de trabalho musical que você pretende realizar: uma ambientação sonora inspirada no "clima da música"; um pequeno conjunto com instrumentos de percussão para "acompanhar" o canto; um arranjo vocal simples subdividindo o grupo de acordo com determinadas partes da música; "pontuações sonoras" durante o canto.

- Ouça novamente a música escolhida. Comente sobre a letra da canção, explorando o tema em questão.

- Peça que as crianças "desenhem" a música. Geralmente, as crianças desenham o que, do texto da música, mais chamou a atenção delas. É interessante observar esses desenhos. Você pode explorar um pouco mais a linguagem plástica a partir desse tema, propondo trabalhos com tinta, argila, dobraduras e outras técnicas.

- Cante a música escolhida. Grave e ouça, aproveitando esse momento para aperfeiçoar elementos do canto, como articulação, intensidade adequada, respiração e outros. Tenha cuidado para não saturar as crianças cantando muitas vezes no mesmo dia. No geral, é mais interessante cantar, concentrados, somente algumas vezes a cada encontro, durante certo período.

- Comece o trabalho que você elegeu para essa música.

Para ilustrar, descreveremos a seguir uma possibilidade de trabalho a partir da música "A Casa", de Vinícius de Moraes:

- Faça com as crianças um levantamento das palavras da música que tenham som ou mesmo que não o tenham, mas que inspirem uma imagem sonora.
- Explore vocalmente os sons escolhidos para cada palavra.
- Cante a canção realizando os sons vocais determinados.
- Subdivida o grupo em dois; um cantará a canção e o outro realizará os sons vocais determinados.
- Explore sonoramente os instrumentos que tiver à disposição, buscando os mais adequados para as "pontuações sonoras" que vocês escolheram, isto é, as palavras que sonorizaram vocalmente na etapa anterior.
- Realize novamente o conjunto com canto e sonorização, mas com os instrumentos musicais determinados.
- Grave, ouça e comente.

A seguir, algumas "pontuações sonoras" realizadas por crianças de sete e oito anos na música "A Casa", de Vinícius de Moraes, a partir de um trabalho sobre esse compositor:

CASA – Triângulo
ENGRAÇADA – Risada
NADA – Girasom[23]
NÃO – Tambor
CHÃO – Batida dos pés no chão
DORMIR – Reco-reco e assobio
PAREDE – Batida das mãos na parede
PIPI – Caxixi
BOBOS – "Brrrr" (som feito com os lábios)
ZERO – Sininhos

⇨ O que desenvolvemos com esta atividade?

O canto – Atenção ao ouvir – Concentração – Imaginação sonora – Criatividade – Percepção do timbre – Noção de conjunto

---

[23] Brinquedo de plástico na forma de tubo que, ao girar, produz um som muito interessante, "som espacial".

5. OUVINDO MÚSICAS DE OUTROS POVOS

Quando desenvolvemos um trabalho de apreciação musical, é desejável que apresentemos uma gama ampla de estilos musicais para ampliar o repertório de escuta das crianças.

Quanto mais cedo criarmos o hábito de ouvir música de gêneros e estilos musicais diferentes, maior será a garantia de desenvolvermos na criança a possibilidade de vir a ser um ouvinte adulto sem preconceitos. Essa "escuta aberta", digamos assim, assegura uma escolha de repertório a ser ouvido de acordo com critérios individuais e não conduzido por um gosto musical inconscientemente imposto pelos meios de comunicação.

Com a proposta de proporcionar às crianças o contato com culturas e manifestações musicais diferentes da nossa e ainda a noção de arranjo musical, apresentamos "Tamota".

"Tamota" é uma canção usada no ritual de troca de presentes e comidas entre dois grupos: o da aldeia e o da floresta. No arranjo do grupo Mawaca[24], ao terminar a melodia da canção indígena, as

---

[24] Mawaca é um grupo que se dedica à pesquisa e recriação da música de várias culturas, buscando sempre relacioná-las aos elementos da música brasileira. Para ouvir a música "Tamota", acesse o site www.mawaca.com.br.

vozes agudas apresentam um trecho de "Kokiriko no Bushi", uma canção folclórica japonesa cantada pelos plantadores de arroz da província de Toyama.

Segundo as pesquisas, essa cantiga, considerada uma das mais antigas do Japão, tinha a função de pedir uma boa colheita aos deuses xintoístas, hábito muito comum no Japão rural. Esse tipo de canção pertence ao repertório *minyo*, isto é, o folclore japonês. A palavra *kokiriko* tem também como significado um instrumento de bambu com som parecido com o de uma matraca.

A proposta principal das atividades é perceber a forma como foi feito o arranjo com a intervenção da canção japonesa no meio da canção indígena, ao lado das inúmeras possibilidades de criação, no caso de "Tamota", do diálogo entre o Brasil indígena e o Japão.

Atividade

- Ouça com as crianças a gravação de "Tamota" no CD *Rupestres Sonoros,* do grupo Mawaca, ou acesse o site www.mawaca.com.br

- Identifique com os alunos as duas canções. Você pode propor a atividade simplesmente dizendo que eles vão ouvir duas canções em uma; tentem percebam qual é a de origem indígena e qual a de origem japonesa.

- Após essa escuta e comentários, ouçam novamente para identificar as duas canções. Percebam, agora, o que acontece no arranjo vocal, isto é, a própria intervenção da canção japonesa.

- Prestem atenção na interpretação das cantoras. Percebam as características de timbre na execução vocal, as entradas de cada cantora na "Tamota" em relação à altura do som. Percebam que ocorrem três entradas: a primeira na região mais grave, a segunda na média e a terceira na mais aguda. Percebam também a diferença de densidade entre o solo da canção "Kokiriko no Bushi" em uníssono (apenas pelas vozes agudas) e as três vozes com aberturas vocais.

- Em outro momento, a escuta pode ser dirigida para a percepção dos instrumentos musicais presentes no arranjo.

- Após essa identificação, vocês poderão criar um mapa com as entradas, permanências e saídas de cada instrumento. Ouçam a música seguindo esse mapa e percebam as diferenças na escuta.

- Outro aspecto a ser desenvolvido é o da contextualização, que pode fazer parte de um projeto integrado a outras disciplinas, como História, Geografia, Português. Façam pesquisa sobre os índios txucarramães do Xingu. Que tipo de música eles fazem, o que produzem, suas pinturas, seus mitos, como se organizam socialmente etc.

- Façam pesquisa sobre o Japão, mais especificamente sobre o povoado de Goya, província de Toyama. Que tipo de música eles fazem, que atividade econômica desenvolvem, como é o clima e quais as características do lugar.

- Faça um quadro comparativo com as diferenças culturais e sociais e pontos em comum entre essas duas culturas. Será bastante interessante perceber as semelhanças entre povos tão distantes!

⇨ O que desenvolvemos com esta atividade?

Estímulo ao hábito de ouvir música –
Concentração – Reflexão – Expressão verbal –
Conhecimento sobre outras culturas –
Noção de como organizar uma pesquisa

6. OUVINDO MÚSICA ERUDITA

A apreciação de obras de música erudita sempre fez parte dos currículos dos cursos de música. Apesar de já existir uma grande bibliografia a ser consultada a esse respeito, consideramos importante incluir um texto específico sobre o assunto, completando, assim, o módulo de apreciação musical.

Música é para fazer e ouvir. Parece uma afirmação muito simplista, mas na realidade sintetiza o essencial de qualquer linguagem humana: é um meio de expressão e comunicação, isto é, uma ideia concebida e realizada por alguém, expressão, para alguém, comunicação. Um dos objetivos da educação musical é criar condições para que as pessoas se transformem em bons ouvintes.

A principal finalidade do trabalho de apreciação musical é criar e estimular o hábito de ouvir música. Ouvir músicas diversificadas, sem preconceitos, e ajudar a ampliar o universo musical das crianças, mas com qualidade musical. Ouvir de tudo!

Ouvir estilos e gêneros musicais diferentes desde a educação infantil e primeiras séries do ensino fundamental pode assegurar, mais tarde, maior receptividade por parte dos adolescentes, do segundo ciclo do fundamental e ensino médio, às propostas musicais diversificadas.

Em textos anteriores, enfatizamos a importância de incluir música popular brasileira no repertório para crianças, pela sua riqueza musical e representatividade cultural. Considermos, também, que ouvir a música de outras culturas é fundamental para ampliar o universo musical dos alunos, assim como pode ajudar a desenvolver o respeito às diferenças e até transformar a maneira de olhar para a nossa cultura. Neste texto, o destaque será para o desenvolvimento de um trabalho de apreciação da música erudita.

A música erudita é, sem dúvida, um grande legado da civilização ocidental. Conhecer seus compositores principais, suas obras, sua história é também conhecer uma parte importante da nossa história.

Aproximar as crianças desse legado e estimular a apreciação dessa música faz parte dos objetivos de um educador preocupado em abrir os horizontes de escuta dos seus alunos.

Selecionamos a "Flauta Mágica", de Mozart, como exemplo de escuta possível a ser desenvolvida com as crianças. As sugestões de atividades podem ser realizadas com qualquer obra de música erudita.

É fundamental que o educador tenha o bom senso de dosar o tempo da obra a ser apresentada às crianças. É desejável que selecione um pequeno trecho para iniciar o trabalho, aumentando, aos poucos, o tempo de audição das obras, até que as crianças se sintam mais próximas desse universo e mais habituadas com essa escuta.

Atividade

Existem inúmeras maneiras de iniciar esse trabalho. Optamos por começar pela escuta sem apresentar o nome da obra nem o compositor. O objetivo é apenas fazer um levantamento das sensações nesse primeiro momento.

- Ouçam a ária do Papagueno ("Die Zauberflöute").

- Faça uma roda com as crianças para que cada uma fale o que sentiu ao escutar essa música.

- Separem os comentários sobre sensações e os que estavam relacionados à identificação de elementos da música. Por exemplo: *Ah! Eu fiquei com vontade de rir porque achei engraçado o jeito como o homem cantava; eu gostei do som de um instrumento agudo que tocava quando ele parava de cantar.* Você pode até fazer duas listas, assim:

Sensações   *Percepção dos elementos musicais*

Estranhamento   voz masculina (mais grave)
Vontade de rir   instrumento agudo
Agradável

- Destaque a subjetividade da primeira categoria e a objetividade da segunda. Ouçam, novamente, e proponha uma escuta voltada para a identificação de outros elementos musicais.

- Pergunte se alguém da classe sabe em que idioma o cantor está cantando. Conte que essa é uma ária de uma ópera, isto é, um solo de um personagem da história. Converse com os alunos sobre o assunto e veja quem já ouviu uma ópera, se sabem o que é, se conhecem compositores que compuseram óperas etc.

Após essa conversa, de acordo com o grupo e o interesse, vários caminhos poderão ser traçados. A seguir, sugerimos alguns.

- Conte a história da Flauta Mágica, passando pela ária do Papagueno até determinado ponto (por exemplo, a entrada da Rainha da Noite), e terminem ouvindo a sua famosa ária. Em outro dia, retome a história a partir da escuta da ária da Rainha da Noite, realizando o mesmo trabalho de escuta que foi feito com a ária do Papagueno[25].

- Proponha às crianças que desenhem o Papagueno, usando a imaginação, a partir das características dadas pela própria história.

- Ouçam as árias dos personagens principais. Compare as vozes em relação à altura dos sons, isto é, à tessitura. *Qual voz masculina é a mais grave? Qual voz feminina é a mais aguda?* Apresente às crianças os termos de classificação das vozes: soprano, meio-soprano, contralto, tenor, barítono e baixo. Identifique os principais personagens em relação a essa classificação.

- Vejam trechos da ópera. Você pode encontrá-la em DVD e, facilmente, em sites da internet.

- Realize um jogo. Grave em sequência pequenos trechos de cada ária dos personagens. Por exemplo: 1 - Papagueno, 2 - Rainha da Noite, 3 - Papagueno e Papaguena, 4 - Tamino, 5 - Sarastro, 6 - Pamina, 7 - Papagueno e Papaguena, 8 - Tamino, 9 - Rainha da Noite e 10 - Sarastro. Confeccione com as crianças cartelas com o desenho de cada personagem. Ao escutar o "tema", as

---

[25] É importante que você selecione os momentos principais tanto da história como da ópera. Existem livros para crianças dessa obra que você pode utilizar como apoio.

crianças terão de relacioná-lo com o personagem correspondente.

- Ouçam a gravação destacando a orquestra. Apresente às crianças instrumentos de corda: mostre fotos, ouçam gravações de cada instrumento em separado e depois em conjunto.

- Ouçam o trecho da ária do Papagueno e ressalte o som feito pela sua flauta. Chame a atenção para esse *glissando ascendente,* isto é, essa sequência de notas muito rápidas para o agudo.

- Proponha uma pesquisa sobre Mozart.

- Converse com as crianças sobre a época em que Mozart viveu, os castelos, as vestimentas, os hábitos, os veículos de locomoção, os instrumentos musicais, enfim, as diferenças em relação ao nosso tempo. Vejam fotos, ouçam gravações de outras obras, ouçam instrumentos como o cravo. Amplie a percepção do momento histórico da época de Mozart.

⇨ O que desenvolvemos com esta atividade?

Noção da classificação das vozes – Conhecimento de instrumentos musicais – Apreciação musical – Conhecimento de compositores da história da música erudita

FAZER MUSICAL – MÓDULO II: CANTAR

> "Um povo que sabe cantar está a um passo da felicidade.
> É preciso ensinar o mundo inteiro a cantar."
> *Villa-Lobos*

No começo do século XX, iniciou-se um movimento de aproximação com outras culturas não ocidentais. Aos poucos, desse interesse pelo novo, pelo diferente, foi-se construindo um conhecimento mais aprofundado dessas novas realidades, com parâmetros sociais e valores culturais tão diferentes dos nossos, o que possibilitou, também, um novo olhar sobre a nossa própria cultura.

Ao entrar em contato com as manifestações e práticas musicais das diversas comunidades indígenas, africanas e mesmo algumas ocidentais, como pequenas comunidades rurais, podemos perceber o quanto a música está inserida na vida desses povos. O canto, em especial, faz parte do dia a dia dessas comunidades, nas brincadeiras das crianças, nas canções de ninar, nas festas, nas danças, nos cantos de trabalho, nos ritos.

Na atualidade, o canto está desaparecendo do nosso dia a dia e dos encontros espontâneos, concentrando-se somente nos profissionais ou em poucas pessoas da sociedade, em lugares específicos e veiculados pela mídia. Não encontramos mais o canto como expressão espontânea, um bem comum da comunidade e compartilhado por todos.

Diante dessa realidade, a escola pode participar do resgate desse bem comum, devolvendo às pessoas essa forma natural de fazer música. Para isso é preciso cantar muito, desde a educação infantil e não somente na educação infantil, perpetuando essa prática ao longo da vida escolar do aluno. O adolescente vai gostar de cantar se estiver habituado a cantar, se nunca parou de cantar desde que entrou na escola. Se assim for, o canto sairá dos muros da escola e alcançará as ruas e as casas novamente.

Outro desafio é transformar, redimensionar o conceito e as formas de ação do canto na escola. Infelizmente, na maioria das vezes, quando ele se faz presente, encontramos muitos equívocos:

- Na educação infantil, o canto é utilizado somente como forma de introduzir ou finalizar atividades: hora da entrada, da roda, do lanche, da saída. O canto pode ser utilizado como um referencial interessante nesses momentos de rotina, mas não de forma estereotipada, mecânica, sem a exploração da expressão natural das crianças, como normalmente acontece.

- Em muitas escolas, o trabalho musical através do canto depende exclusivamente da maior ou menor afinidade do professor com o cantar, não possuindo um lugar específico dentro do planejamento.

- A maioria dos educadores não possui uma formação musical mínima, tanto na sua trajetória educacional como alunos quanto na sua formação pedagógica, que lhes possibilite cantar e realizar jogos musicais com maior confiança e liberdade.

- O canto coletivo muitas vezes é desenvolvido de forma monótona, repetitiva e sem vivacidade.

- Nas diversas pedagogias musicais, o canto é considerado um dos principais pilares do desenvolvimento da educação musical. Diversas são as razões, entre elas:

    ✓ A voz é nosso primeiro objeto de exploração sonora, nosso primeiro instrumento musical, podendo se transformar em um verdadeiro

meio de expressão. Descobri-la através de jogos musicais, improvisações e do simples cantar é prazeroso e fundamental para qualquer formação musical.
- ✓ Cantar é um eficaz meio de desenvolvimento da percepção auditiva, da afinação e da musicalidade.
- ✓ A educação musical através do canto é adaptável a qualquer contexto socioeconômico, já que o material necessário para cantar é o nosso próprio corpo.
- ✓ Cantar em grupo exige que o aluno se ouça, ouça o outro e o grupo como um todo. Essa atividade auxilia no desenvolvimento da atenção, da concentração e do espírito de coletividade.

A princípio, cantar deveria ser uma atividade natural para todos nós, sem constrangimentos ou preconceitos em relação à afinação ou ao timbre de voz.

Todos nós, que já tivemos oportunidade de conviver com bebês, observamos o grande interesse das crianças pelo canto. Os bebês escutam atentamente e, muitas vezes, dialogam com quem canta, através de balbucios, com muita excitação e alegria.

Por meses, os bebê exploram sua voz e "cantam" sem parar. Essa intimidade e essa liberdade de expressão com a própria voz deveriam nos acompanhar e amadurecer ao longo de nosso desenvolvimento. Violeta Gainza afirma que a língua materna e o canto deveriam seguir caminhos paralelos, de modo que a criança, "ao alcançar a idade de três ou quatro anos, pudesse encontrar-se em condições de cantar com a mesma correção com que fala e de afinar seu canto com a mesma precisão com que articula e pronuncia seu idioma"[26]. Infelizmente, muitas crianças, ainda pequenas, já se consideram desafinadas e por consequência não gostam de cantar. Com certeza esses preconceitos a respeito de sua própria voz não partiram de uma percepção sua, mas de distorções no ambiente familiar e mesmo escolar. Muitos adultos consideram-se nulos musicalmente e não se permitem cantar, nem mesmo quando estão sozinhos; não por falta de musicalidade ou aptidão, mas por uma orientação infeliz por parte de professores e pais, por falta de um ambiente familiar mais musical ou mesmo por uma questão social mais ampla, como a da ausência do canto espontâneo no dia a dia das pessoas.

Como última reflexão, é importante valorizar o cuidado com a qualidade da voz, isto é, o modelo vocal do educador. A minha prática de sala de aula e de assessoria, tanto para educadores sem forma-

---

[26] Gainza, V. H. *Fundamentos, Materiales y Tecnicas de la Educacion Musical*. Ed. Ricordi Americana. Buenos Aires, 1977.

ção específica como para educadores musicais, tem demonstrado o progressivo aumento dos problemas vocais nos professores e nas próprias crianças. O que enfatiza, ainda mais, a importância do modelo vocal do educador na sala de aula.

Vivemos em um mundo muito ruidoso e agitado, o que tem colaborado para o aumento do volume de voz das pessoas nos diversos ambientes e, principalmente, entre as crianças. A nós, educadores, cabe um cuidado especial com a nossa entonação, volume, afinação em sala de aula, pois o aluno, naturalmente, imita o professor. Não necessitamos de professores que sejam cantores profissionais, mas temos obrigação de nos preocupar em oferecer um bom modelo vocal aos nossos alunos.

A CANÇÃO

A canção é uma síntese de dois elementos musicais: melodia e ritmo[27]. O texto da canção só vem completar essa unidade, auxiliando a percepção e a memória melódico-rítmica.

Quando cantamos uma canção, estamos desenvolvendo vários aspectos da nossa percepção auditiva, contribuindo para a formação do nosso ouvido musical e para o desenvolvimento da nossa musicalidade.

Para que o canto contribua ainda mais para a educação musical da criança, os professores devem ter alguns cuidados na escolha das canções em relação à tessitura, ao texto e ao repertório.

Tessitura é o limite entre a nota mais grave e a mais aguda da melodia. É importante evitar as canções com tessitura muito grande e com muitos saltos. A extensão vocal da criança depende muito da cultura e do ambiente familiar, mas um bom "termômetro" para o professor que não tem um treinamento vocal específico é evitar as canções que ele mesmo tenha dificuldade de cantar e memorizar.

---

[27] Melodia é uma sucessão de sons com alturas diferentes, e ritmo é uma sucessão de sons com durações diferentes. Leia mais sobre esses conceitos no Glossário.

Texto ou **letra da canção** é tão importante quanto a linha melódica ou rítmica. É difícil detectar qual desses elementos impressiona mais a criança, variando de canção para canção e de criança para criança. Mas escolher uma canção com um texto de qualidade poética, seja do repertório tradicional, popular ou erudito, já é uma primeira garantia para que as crianças a aceitem totalmente. Outro dado a observar na escolha é a relação entre letra e melodia. Sem dúvida, as canções que possuem uma feliz fusão desses dois elementos tendem a obter aceitação imediata, pois a criança canta e gosta de cantar aquilo que intuitivamente percebe que possui bom nível artístico. Infelizmente, a mídia tem grande influência nessa percepção intuitiva, mas abordaremos essa questão a seguir.

Repertório: para a escolha de um repertório de canções adequado a seu grupo, o professor deve considerar alguns aspectos, como o interesse da faixa etária, a tessitura adequada, a extensão da melodia e os objetivos pedagógicos específicos.

De acordo com os objetivos pedagógicos, podemos realizar diversos trabalhos a partir das canções: dramatizações a partir do texto, criação de histórias a partir do tema, criação de coreografias, realização de danças populares, jogos musicais, arranjos instrumentais, pesquisa e atividades integradas a outras linguagens.

Quando montamos um repertório é importante que ele seja diversificado. Por exemplo: com gestos e movimentos corporais, para dançar, para dramatizar, canções que ilustram histórias, canções ritmadas, com o nome das notas, canções preparatórias à prática instrumental, gêneros musicais diversificados, canções tradicionais de outros povos; enfim, até canções cujo objetivo único seja simplesmente cantar. O desafio é proporcionar à criança a experiência de cantar muito, sem preconceitos, ampliando seus horizontes e o respeito à pluralidade de manifestações musicais e culturais.

A partir desses objetivos, o professor deve montar o repertório diversificando os estilos musicais, sendo a proporção de cada estilo no repertório total uma escolha do professor, considerando a faixa etária e o projeto de cada grupo. O repertório poderá ser montado a partir do imenso acervo popular tradicional brasileiro, das músicas tradicionais de outros povos, da MPB, da música composta especialmente para crianças, a chamada música infantil, e também, no momento adequado e com cuidado na escolha, da música erudita.

Por que música popular tradicional brasileira?

As manifestações populares tradicionais de um povo espelham e sintetizam a sua identidade cultural. Preservar essas manifestações é também reconhecer e valorizar a sua identidade. O Brasil possui uma riqueza imensa de manifestações populares musicais, com uma gama diversificada de ritmos, gêneros, instrumentos, festejos e danças, espalhados de norte a sul, leste a oeste.

Aproveitar esse rico material em nossas aulas de educação musical ultrapassa os objetivos específicos da linguagem, alcançando também objetivos educacionais, políticos e sociais.

É muito importante ter um olhar especial para o contexto social no qual essas canções estão inseridas, para a instrumentação tradicional utilizada no gênero da canção e para a forma de cantar mais próxima da original.

Por que música tradicional de outros povos e de outras culturas?

O objetivo principal é a ampliação do universo musical da criança. A contextualização e uma pesquisa mínima para manter as características musicais básicas das canções escolhidas são cuidados importantes em um trabalho desse tipo. As canções em outras línguas também podem ser bem aproveitadas nos projetos de integração com outras disciplinas, como Geografia, História, Português e outras.

Nesse contexto, o conhecimento das músicas africanas e mesmo das músicas indígenas brasileiras deve ser uma preocupação do educador atento à questão da identidade cultural, já que esses povos estão no tripé da formação do povo brasileiro.

Por que MPB?

No Brasil, a música popular traduz com muita propriedade, diversidade e riqueza a identidade cultural do nosso país. De Chiquinha Gonzaga, Pixinguinha, Cartola a Tom Jobim, Vinícius de Moraes, Chico Buarque, Caetano Veloso e tantos outros, temos um infindável e rico repertório a ser escolhido com cuidado e de acordo com os objetivos pedagógico-musicais do professor.

Por que música "infantil"?

Existe música feita especialmente para crianças, a qual é chamada de música infantil. Geralmente é breve, com uma letra adequada e com temas do universo infantil, possuindo características interessantes para um trabalho de educação musical. Ressaltamos, porém, o cuidado na escolha dos compositores, das gravações e uma atenção especial aos arranjos, temas e tessitura; enfim, à qualidade musical, pois existe grande produção de péssima qualidade no mercado.

Por que música erudita?

A música erudita é um legado da história ocidental. Fizemos e fazemos parte dessa história. Dessa forma, é importante o conhecimento dos diferentes períodos e estilos da música erudita europeia e brasileira para a formação cultural e musical da criança.

A canção é um precioso meio para a educação musical das crianças. É importante que o educador tenha consciência da influência que ele pode exercer sobre o gosto musical dos alunos. É essencial que ele esteja aberto e sensível ao universo musical da criança; no entanto, consciente da péssima qualidade veiculada pelos meios de comunicação, procure ampliar o universo musical e aguçar o senso crítico dos seus alunos.

1. SAMBALELÊ

Podemos criar atividades que preparem e ilustrem a apresentação de uma canção ou, a partir dela, propor diferentes atividades, como dramatizações, criação de histórias, jogos musicais, arranjos vocais, conjuntos instrumentais etc.

"Sambalelê" é uma canção do repertório tradicional brasileiro, e a atividade proposta a seguir desenvolve dois aspectos: o musical e o teatral. Quanto ao aspecto musical, o conceito desenvolvido é a percepção da frase musical; em relação ao aspecto teatral, trabalharemos com pequenas dramatizações.

É importante desenvolver a percepção do fraseado, pois ele é uma das estruturas da linguagem musical. Partir das canções constitui uma estratégia interessante, pois, geralmente, elas são curtas, de fácil assimilação melódica, e o seu texto auxilia muito a percepção do fraseado musical.

Nas canções, a frase do texto, que comumente chamamos de letra da canção, coincide com a frase musical. Na canção "Sambalelê" temos quatro frases musicais que podem ser subdivididas em duas partes denominadas pergunta e resposta, ou antecedente e consequente. Temos frases musicais iguais com a letra diferente e frases musicais iguais com a mesma letra.

Primeira frase

<u>Sambalelê tá doente,</u>   <u>tá com a cabeça quebrada</u>
pergunta/antecedente   *resposta/consequente*

Segunda frase

<u>Sambalelê precisava</u>   <u>é de umas boas palmadas</u>
pergunta/antecedente   *resposta/consequente*

Terceira frase

<u>Samba, samba, samba, ô lelê</u>   <u>Samba, samba, samba, ô lalá</u>
pergunta/antecedente   *resposta/consequente*

Quarta frase

<u>Samba, samba, samba, ô lelê</u>   <u>Samba, samba, samba, ô lalá</u>
pergunta/antecedente   *resposta/consequente*

A *frase 1* possui a **mesma melodia** da *frase 2*, mas a **letra** (texto) **é diferente**.

A *frase 3* é **igual** à *frase 4*, **tanto na melodia como na letra**.

Atividade

- Cantar a canção "Sambalelê".

- Cantar a canção brincando de roda, mudando o sentido da roda a cada mudança de frase.

- Cantar mudando o sentido da roda a cada mudança entre antecedente e consequente.

- Dividir a turma em dois grupos, combinando com as crianças a frase que cada grupo vai cantar. Por exemplo: grupo 1 canta as frases 1 e 3; grupo 2 canta as frases 2 e 4. Você pode fazer outro arranjo, explorando solos (uma criança canta sozinha) e *tutti* (todos cantam juntos). Reja as crianças, indicando quando devem cantar. Passe a regência para um aluno e aproveite para chamar a atenção do grupo para as possibilidades musicais que o regente pode conseguir na execução musical do grupo (dinâmica, interpretação...).

- Aproveitando os dois grupos, crie uma movimentação de acordo com as frases musicais. Por exemplo: coloque as crianças em duas filas, uma em frente à outra. Marque, no chão, uma linha entre as duas filas. A fila 1 andará até o centro, batendo palmas e cantando o antecedente da frase 1 e voltará, andando de costas, batendo palmas e cantando o consequente da frase 2. A fila 2 fará a mesma movimentação que a fila 1, mas cantando a frase 2. Na frase 3, as duas filas andam até o centro e formam uma roda, dando-se as mãos. Na frase 4, cantam e batem palmas no lugar, na formação de roda. Essa é apenas uma possibilidade de movimentação, um estímulo para o professor e os alunos criarem a sua própria movimentação. O importante é que o professor apresente às crianças dessa forma, fazendo com que elas, através do movimento, percebam o fraseado musical. O professor pode também realizar o inverso, isto é, trabalhar a percepção e a consciência do fraseado musical já na apresentação da canção às crianças e, a partir dessa percepção, criar com as crianças uma movimentação de acordo com as frases musicais.

- Explore com as crianças a história que a canção conta. A partir dessa exploração, crie um pequeno roteiro que ilustre a canção, podendo até ampliá-la. Proponha a dramatização desse roteiro. Essa pequena dramatização pode acontecer antes de se cantar a música ou até durante o próprio canto. Por exemplo: uma criança será o personagem Sambalelê e começará a andar durante a primeira frase musical, representando a situação na qual se encontra: está doente e com a cabeça quebrada e, sem dúvida, com uma dor muito forte. Na segunda frase, aparece um segundo personagem que resolve solucionar a situação dando palmadas no pobre Sambalelê. Na terceira e quarta frase, Sambalelê acaba "sambando" muito com a surra que leva e foge correndo. As outras crianças do grupo podem ficar responsáveis pelo canto e pelos instrumentos de percussão, caso o professor os tenha à sua disposição.

⇨ O que desenvolvemos com esta atividade?

Percepção do fraseado musical – Compreensão do texto – Expressão teatral – Imaginação – Criatividade

2. O TREM DE FERRO

A canção é um precioso meio para o desenvolvimento da educação musical das crianças. "O Trem de Ferro", uma canção do repertório tradicional brasileiro, oferece inúmeras possibilidades musicais a ser desenvolvidas. Podemos iniciar este trabalho a partir de uma conversa sobre meios de transporte, de um levantamento dos sons de trens, carros, aviões, de uma parlenda, de uma audição, que pode ser "O Trenzinho do Caipira", de Heitor Villa-Lobos, ou simplesmente da apresentação da canção.

Se optarmos por uma conversa sobre os meios de transporte e seus respectivos sons, poderemos realizar um simples levantamento desses meios ou até iniciar uma pesquisa que se estenda por várias semanas.

Também podemos utilizar o processo inverso, isto é, partir da canção como estímulo inicial ao tema da pesquisa. Nesse caso, a canção é que introduzirá a conversa sobre os meios de transporte.

A própria letra da canção "O Trem de Ferro" contém o som onomatopaico da movimentação do trem. Podemos enfocar esse som e iniciar uma atividade musical de sonorização ou improvisação, acrescentando até sons de outros veículos de locomoção.

Partir de uma escuta pode ser uma opção interessante, como também de algum recurso extramusical, como um livro sobre o tema.

Como vimos, existem várias possibilidades de ampliar e até contextualizar uma simples canção. As atividades descritas a seguir são algumas delas.

Atividade

- Proponha às crianças que imitem sons de vários veículos, como carro, bicicleta, caminhão, carroça, trem, trem de metrô, avião e outros. Busque as sutilezas do timbre de cada um, chamando a atenção para as diferenças entre eles. Você pode utilizar a dinâmica da simples imitação e dos possíveis comentários ou mesmo propor essa imitação em forma de jogo de adivinhação.

- Procure um CD de efeitos sonoros com a gravação de alguns meios de transporte ou faça uma pesquisa na internet. Coloque a gravação para as crianças identificarem qual é a fonte sonora e peça a elas que desenhem os veículos ouvidos anteriormente.

- Em outro momento, recorte e cole os desenhos em cartolinas, separando-as pelo tipo de veículo. Coloque cada cartolina em vários pontos da sala: a de aviões, a de carros, a de motocicletas, a de trens etc.

- Grave uma sequência dos timbres dos meios de transporte, como *avião-trem-moto-avião--carro-trem-moto-carro*. Ao ouvir a gravação, as crianças terão que identificar a fonte produtora do som e correr até a cartolina correspondente.

- Após as atividades anteriores ou paralelamente a elas, cante com as crianças a canção "O Trem de Ferro".

- Faça um levantamento entre as crianças para saber quais delas já viajaram de trem ou, em caso negativo, se já viram um, pelo menos em filmes. Enumere quais sons são ouvidos nessa viagem de trem: o barulho da estação, o sinal avisando que o trem vai partir (às vezes um sino), o apito do trem, o barulho da engrenagem.

- Chame a atenção das crianças para a variação de velocidade do trem, isto é, começa devagar e, aos poucos, vai acelerando até chegar a uma determinada velocidade, que se mantém. Próximo à parada, em movimento contrário, o trem vai aos poucos desacelerando até parar.

- Explore corporalmente essa viagem de trem. Escolha uma criança para ser o maquinista do trem. Você poderá ir marcando a mudança de velocidade do trem com dois caxixis ou chocalhos.

- Faça um roteiro da viagem do trem, isto é, em quantas estações o trem vai parar, como os passageiros serão chamados, quando vai fechar as portas, quando o maquinista vai apitar etc. Escolha instrumentos que representem essa viagem. Divida os instrumentos de acordo com o roteiro. Realize a viagem sonorizando-a e finalize com a própria canção. Você pode escolher com as crianças quais instrumentos continuarão a tocar na hora do canto, montando um pequeno arranjo instrumental.

- Outra sugestão é trabalhar com a parlenda *Café com pão, bolacha não*. Você pode utilizar essa frase imitando o movimento do trem, isto é, comece lento e aos poucos vá acelerando até chegar a um andamento bem rápido, mantendo-o por certo tempo. Depois, retorne, retardando a velocidade gradualmente, até parar. Utilize também gestos e movimentos corporais. Para finalizar, toque o apito do trem e comece a cantar a canção.

- Você pode enriquecer o projeto trazendo para as crianças ouvir peças musicais que foram inspiradas nesse meio de transporte tão cultuado musicalmente. Pesquise poesias, contos, músicas com esse tema para ilustrar o seu trabalho. Eis algumas sugestões musicais:

- Villa-Lobos: "O Trenzinho do Caipira", CD *Bachianas Brasileiras n.º 2*[28].
- Egberto Gismonti: "O Trenzinho do Caipira", CD *Trem Caipira*[29].
- Tom Jobim: "Trem de Ferro", CD *Jobim – Antônio Brasileiro*[30].

Aproveite para contextualizar essas peças e seus compositores, ampliando o universo musical das crianças.

⇨ O que desenvolvemos com esta atividade?

Percepção da variação de andamentos – Percepção e identificação de timbres – Noção de arranjo instrumental – Apreciação musical – Dramatização – Expressão corporal – Criatividade

---

[28] "Tocata – O Trenzinho do Caipira". Bachianas Brasileiras n. 2 – Heitor Villa-Lobos. CD *Villa-Lobos Bachianas Brasileiras*. Royal Philarmonic Orchestra. Regente: Enrique Batiz – EMI, EUA, 1998.
[29] "O Trenzinho do Caipira" – Heitor Villa-Lobos e Ferreira Gulart, adaptação livre de Egberto Gismonti. CD *Trem do Caipira* EMI, 1987.
[30] "Trem de Ferro". Antonio Carlos Jobim e Manuel Bandeira. CD Jobim – Antônio Brasileiro. Globo / Som Livre, Rio de Janeiro, 1994.

3. O PASTORZINHO

Como esta canção tem em seu próprio texto o nome das notas musicais, o conteúdo mais evidente a ser desenvolvido está relacionado à altura do som. É desejável que, antes de iniciar um trabalho mais específico com as notas musicais, o professor realize atividades que desenvolvam, de forma mais ampla, a percepção da altura do som. É importante que a criança tenha a percepção e a consciência das noções de grave e agudo e movimento sonoro ascendente e descendente antes de desenvolver a noção mais específica da sequência ascendente e descendente das notas musicais.

Para a realização de atividades como essas, que exigem percepção mais desenvolvida, é necessário que os professores experimentem e realizem os exercícios antes de os propor às crianças, para que, dessa forma, se apropriem desses elementos musicais.

A música ocidental está baseada em doze sons com altura definida, que chamamos de tons ou notas musicais. São as sete notas brancas e as cinco pretas, que se repetem por todo o teclado do piano. Essas doze notas formam um universo a partir do qual os compositores constroem as músicas. Por muitos séculos e até hoje, principalmente em muitas músicas populares, o sistema musical ocidental desenvolveu-se a partir de uma escala[31] modelo de sete notas, a escala diatônica maior, que é muito conhecida de todos nós:

DÓ RÉ MI FÁ SOL LÁ SI

A essa sequência de notas, chamamos de sequência ascendente, isto é, começa de um som mais grave em direção a um mais agudo. Na sequência descendente, temos o movimento contrário, isto é, de um som mais agudo chegamos a um som mais grave:

SI LÁ SOL FÁ MI RÉ DÓ

Na canção "O Pastorzinho", utilizamos, em toda a sua melodia, apenas cinco notas musicais: DÓ, RÉ, MI, FÁ e SOL. Na segunda parte da música, a letra da canção é composta pelos próprios nomes das notas musicais que formam a melodia. As atividades a seguir têm como foco essas cinco notas musicais.

---

[31] Escala é uma sucessão de tons que estão organizados em uma determinada ordem de intervalos musicais.

*Havia um pastorzinho
que andava a pastorar,*

*Saiu de sua casa e
pôs-se a cantar:*

Dó Ré Mi Fá FáFá
Dó Ré Dó Ré RéRé
Dó Sol Fá Mi MiMi
Dó Ré Mi Fá FáFá

*Chegando ao palácio,
a rainha lhe falou:*

*Alegre pastorzinho,
seu canto me agradou.*

Dó Re Mi Fá FáFá
Dó Ré Dó Ré RéRé
Dó Sol Fá Mi MiMi
Dó Ré Mi Fá FáFá

Atividade

- Pergunte às crianças se elas conhecem o nome das sete notas musicais. Fale, com elas, a sequência ascendente. Tente cantar essa sequência (se a escola possuir um instrumento de teclado ou xilofone ou um metalofone, utilize-os para mostrar às crianças e ajudar na afinação, procurando cantar bem articulado e afinado). Certifique-se de que as crianças perceberam o movimento sonoro ascendente nessa sequência.

- Proponha um brincadeira para a memorização dessa sequência: em roda, uma criança deve passar a bola para o seu vizinho, falando o nome da nota DÓ. A criança que receber a bola a passará à criança seguinte, falando o nome da nota RÉ e assim por diante. Quando chegar à nota DÓ novamente, será repetida a sequência, continuando até fechar a roda. Recomece, invertendo o sentido da roda. Faça uma variação, alternando a quem se joga a bola, isto é, não se pode mais passar a bola para o vizinho, tendo que jogá-la para outra criança da roda.

- Utilizando um tambor, um pandeiro ou até mesmo batendo palmas, marque repetidas batidas em um mesmo pulso, isto é, batidas regulares, como se estivesse andando em um mesmo passo por um determinado tempo. Cada criança terá que falar determinada nota, de acordo com a sequência, na batida combinada. Por exemplo, de quatro em quatro batidas.

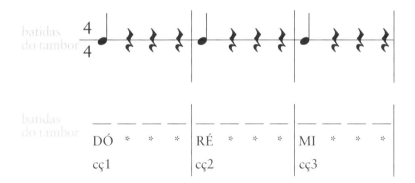

*silêncio na voz

cç – criança

Repita o jogo em várias etapas e, em cada uma delas, retire um silêncio, até não sobrar nenhum:

Todas essas brincadeiras devem ser refeitas com a sequência descendente depois que a ascendente tiver sido bem assimilada pelas crianças.

- Cante a canção até todos aprenderem e, depois, varie a forma de cantar de acordo com o fraseado. Por exemplo: sorteie cinco crianças e divida o resto da turma em dois grupos. Cada grupo cantará uma frase e, quando chegar a frase das notas musicais, as cinco crianças sorteadas cantarão sozinhas.

- Outra variação possível é ver quem gostaria de fazer um solo (palavra de origem italiana usada quando um cantor ou um instrumentista canta ou toca sozinho). Escolha quatro solistas, um para cada frase com as notas musicais; o grupo todo só cantará nas frases com o texto sem as notas musicais.

Havia um pastorzinho... a cantar – *TUTTI*
DÓ RÉ MI FÁ FÁFÁ   –   SOLO 1
DÓ RÉ DÓ RÉ RÉRÉ   –   SOLO 2
DÓ SOL FÁ MI MIMI   –   SOLO 3
DÓ RÉ MI FÁ FÁFÁ   –   SOLO 4

- Se você tiver à sua disposição instrumentos musicais de percussão, realize um pequeno arranjo. A escolha dos instrumentos e a própria distribuição podem ser uma construção coletiva, isto é, com a participação das crianças. Proponha a ideia e experimente, analise e faça as mudanças de acordo com os resultados. A seguir, como ilustração, faça um arranjo instrumental bem simples, com instrumentos iguais para as crianças de cada grupo e instrumentos diferentes para cada criança responsável pelos solos:

  ✓ Grupo 1   – blocos de madeira
  ✓ Grupo 2   – pandeiros pequenos
  ✓ Criança solo 1 – guizo
  ✓ Criança solo 2 – pau de rumba
  ✓ Criança solo 3 – reco-reco
  ✓ Criança solo 4 – tambor

- Se você tiver xilofones à sua disposição, realizar um trabalho com essa canção será muito proveitoso. Além da simples execução instrumental do refrão, você pode incentivar as crianças a "tirar de ouvido" a parte da canção que não diz as notas musicais, pois a melodia é formada somente por quatro notas: DÓ, RÉ, MI e FÁ. Se sua turma é muito numerosa, dividir em cantores e instrumentistas a cada dia é uma estratégia que funciona muito bem.

- Depois de várias atividades com essas cinco notas musicais, seria interessante trabalhar a criatividade. Proponha às crianças que inventem pequenos motivos, isto é, ideias musicais curtas, com essas notas. Gravem, ouçam, cantem ou toquem, juntem algumas ideias e façam uma melodia maior; enfim, divirtam-se fazendo música!

⇨ O que desenvolvemos com esta atividade?

Percepção da altura do som e do movimento sonoro – Memória – Prontidão – Percepção do fraseado – Criatividade – Sequência ascendente e descendente das notas musicais

4. GARIBALDI FOI À MISSA

Para essa outra canção tradicional brasileira, o enfoque será o texto da música e os possíveis efeitos sonoros que ela sugere.

Com a urbanização, a televisão, o computador e novos hábitos da atualidade, contar histórias oralmente, sem o apoio de livros, é um costume que vem desaparecendo das rodas familiares. Mas essa prática fez parte da história de muitas famílias e despertava, principalmente, o interesse das crianças. Muitos sons e até canções eram recursos utilizados durante as histórias.

Muitas pessoas, quando contam uma história, não exploram os efeitos sonoros que ela contém, concentrando-se apenas no texto. As vozes dos personagens, os sons onomatopaicos mais evidentes, os sons da paisagem sonora do lugar em que se passa a história, os efeitos sonoros inventados e as entonações constituem uma gama imensa de possibilidades sonoras a ser exploradas. Um bom começo é voltar a assistir aos desenhos animados com a atenção voltada para a trilha sonora e a sonoplastia, que, geralmente, são muito ricas e podem incentivar a nossa imaginação sonora e nos proporcionar ideias muito interessantes.

Resgatar um pouco dessa antiga prática e usar a imaginação pode se tornar mais um recurso para o professor, além de ampliar o trabalho com as canções.

Atividade

Garibaldi foi à missa com o cavalo, sem espora.
O cavalo tropeçou, Garibaldi pulou fora.
Garibaldi foi à missa com o cavalo, sem espora.
O cavalo tropeçou, Garibaldi lá ficou!

- Conte a história da canção antes de cantá-la. Lembre-se de que a forma como você narra a história é determinante para o envolvimento das crianças e para uma boa receptividade à canção. Ponha em evidência as características dos personagens, a sua voz, os sons que acontecem durante a narração. Se o texto da canção oferece poucos elementos, crie sobre eles, ampliando-os.

- Ao finalizar a pequena história, cante a canção algumas vezes em seguida. Depois, repita frase por frase, para as crianças aprenderem.

- Faça, com as crianças, uma lista dos sons que

acontecem nessa canção. Por exemplo: os passos do Garibaldi antes de montar no cavalo, o cavalo trotando, os sons dos lugares por onde eles estão passando, o primeiro tropeção do cavalo e o pulo do Garibaldi e, finalmente, o tropeção do cavalo e o tombo do Garibaldi.

- Narre a história e, à medida que os sons listados vão aparecendo, realize-os vocalmente. Organize a turma de forma que cada criança ou cada pequeno grupo fique responsável por fazer determinado som.

- Se tiver à sua disposição instrumentos ou objetos sonoros, conduza uma exploração sonora e escolha os mais apropriados para cada momento a ser sonorizado.

- Realize a narração com a sonoplastia da história e termine cantando a canção. Outra possibilidade é organizar a execução sonora durante a canção, tendo como roteiro o próprio canto na condução da sonoplastia.

⇨ O que desenvolvemos com esta atividade?

Exploração das possibilidades tímbricas da voz e de instrumentos – Imaginação sonora – Criatividade

5. MINHA CANÇÃO

Estimular, aguçar e desenvolver o sentido da audição, do amplo ao específico, faz parte de qualquer trabalho de musicalização. Sem obsessão pelo treino, é importante que o professor realize atividades de percepção do movimento sonoro, antes até de trabalhar com a sequência das notas musicais.

Retomando os conceitos, movimento sonoro ascendente é uma sequência de sons que se inicia em um som mais grave e termina em um som mais agudo; e movimento sonoro descendente é uma sequência que começa no agudo e termina no grave.

Existem alguns exercícios para desenvolver a percepção desses movimentos. O professor pode realizá-los com a voz ou algum instrumento que tenha essa variação de altura, como piano, xilofone, teclado, flauta, flauta de êmbolo[32] e outros mais. Após esse trabalho auditivo, a criança estará mais preparada para as atividades de sequência ascendente[33] e descendente das notas musicais e com um

---

[32] *Flauta de êmbolo é uma flauta que não tem furos em seu corpo e sim um êmbolo, produzindo um som muito apreciado pelas crianças.*
[33] Sequência ascendente das notas musicais é a sequência do grave para o agudo: DÓ RÉ MI FÁ SOL LÁ SI. Sequência descendente é do agudo para o grave: SI LÁ SOL FÁ MI DÓ RÉ DÓ.

referencial auditivo, e não somente sequencial, da relação entre as notas.

"Minha canção" é uma composição de Chico Buarque de Hollanda, Sérgio Bardotti e Luís Enriquez Bacalov[34]. É uma canção muito adequada ao trabalho com as notas musicais.

As propostas sugeridas para essa canção estão organizadas em três momentos: o dos movimentos sonoros, o das notas musicais e o da apreciação musical. O primeiro consiste em exercícios de percepção dos movimentos sonoros ascendentes e descendentes; o segundo, em atividades com a sequência ascendente e descendente das notas musicais; e o terceiro, em atividades de apreciação musical com o objetivo de enriquecer a audição e a execução dessa canção, entendendo e identificando sua estrutura, como também o arranjo utilizado na gravação, isto é, os instrumentos musicais e a forma como estão organizados na peça.

Atividade

- Realize com a voz ou com um instrumento o movimento sonoro descendente e proponha às crianças que façam um movimento com o corpo que combine com o som. Faça, agora,

---

[34] Música do CD *Os Saltimbancos*, dirigido e produzido por Sérgio Carvalho e Chico Buarque de Hollanda e gravado pela Universal Music Brasil.

o movimento contrário e observe o movimento corporal correspondente das crianças. É possível que aconteçam movimentos diferentes. Você deve apontar as diferenças e perguntar qual é o movimento que a maioria acha que combina mais com "este som". Convencionalmente e na própria escrita musical tradicional, temos a representação do som grave embaixo e a do som agudo em cima. De acordo com essa convenção, ao ouvir o movimento descendente, as crianças escorregariam até o chão e, ao ouvir o movimento ascendente, levantariam até ficar de pé. Você pode expor a elas essa convenção e combinar, então, a correspondência entre o movimento corporal e o movimento sonoro.

- Proponha a brincadeira de morto-vivo sonoro, usando a voz ou um instrumento adequado[35]. Em vez de obedecer ao comando das palavras "morto" e "vivo", as crianças devem se movimentar de acordo com o som. Dessa forma, ao ouvirem o som grave ou o movimento sonoro descendente, as crianças se abaixam até ficar de cócoras, isto é, o antigo comando "morto". Ao ouvirem o som agudo ou o movimento sonoro ascendente, as crianças se levantam até ficar esticadas. A criança que errar sai da brincadeira, e o vencedor é aquele que conseguir ficar por últi-

---

[35] Sugerimos instrumentos com os quais você consiga realizar glissandos facilmente, isto é, escorregar pelas notas; por exemplo, xilofones, metalofones, pianos, escaletas, flautas de êmbolos.

mo sem errar. Com as crianças menores é melhor não realizar o jogo, mas apenas a brincadeira de se abaixar e se levantar junto com o som.

- Uma forma divertida de apresentar essa canção às crianças é criar um jogo de adivinhação baseado nas notas musicais. Conte a elas que a canção que vão ouvir possui um segredo. Coloque a gravação e proponha que elas descubram esse segredo. Você pode dar algumas dicas, como: "O segredo está na letra", "Já fizemos atividades com este segredo", "O que acontece com o som da nossa voz quando cantamos?". A criança que descobrir falará no seu ouvido. Ouça várias vezes até a maioria das crianças descobrir.

- Depois que o segredo for desvendado e as crianças perceberem que cada frase da canção começa com o nome de uma das sete notas musicais, formando uma escala ascendente e uma descendente começando pela nota DÓ, cante com as crianças, enfatizando o nome de cada nota.

DÓ...   DOce a música
SI...   SIlenciosa
LÁ...   LArga o meu peito.
SOL...   SOL...
FAz-se uma ilusão.   FÁ...
MIsterioso,   MI...
REsta o coração.   RÉ...
DOrme a cidade.   DOrme o meu irmão.

- Recordando a convenção subir-agudo e descer-grave, faça uma brincadeira. Desenhe no chão uma escada com oito degraus. Cada degrau corresponderá a uma nota musical. Faça com que as crianças experimentem subir e descer os degraus dessa escada cantando o nome das notas na sequência ascendente e na descendente, começando pela nota DÓ.

- Cante a canção subindo e descendo, degrau por degrau, a escada desenhada, de acordo com a nota correspondente. Faça com que todas as crianças cantem e realizem esse movimento. Se for preciso, divida essa atividade em vários dias, sorteando algumas crianças por dia para realizá-la, enquanto as demais cantam a canção.

- Se você tiver instrumentos musicais à sua disposição, como xilofones, metalofones ou mesmo um teclado ou um piano, toque essa música e faça com que as crianças a toquem, pois após as atividades anteriores será muito fácil tocá-la se você ensinar como se localiza a nota DÓ.

- Ouça novamente a canção com as crianças, enfocando outro aspecto: o ato de ouvir atentamente e identificar as informações que a nossa audição pode nos "contar" sobre a música. Faça algumas perguntas, como:

Vamos descobrir quantas vezes eles repetem a música nesta gravação?

Quem começa cantando esta música? Um homem, uma mulher ou uma criança?

Em qual repetição da música as crianças cantam?

Em quais momentos temos solos, isto é, uma pessoa canta sozinha?

Quem consegue descobrir quais instrumentos podemos ouvir nesta música?

Em qual momento eles cantam apenas o nome das notas? Quais são essas notas?

- Após a percepção de como foi feito o arranjo vocal na gravação, combine com as crianças o arranjo vocal desse grupo. Experimente várias formas de cantar essa música, usando solos, repetições, organizando o grupo em quartetos ou trios, em que cada um ficará responsável por cantar uma parte da música e outro por tocá-la, se possível; enfim, cantem da forma que vocês mais gostarem de cantar, mas cantem e se deliciem!

⇨ O que desenvolvemos com esta atividade?

Reflexo – Percepção – Movimento sonoro – Sequência das notas musicais – Percepção do perfil melódico de uma canção – Percepção do fraseado e da forma musical – Identificação do timbre da voz e de instrumentos musicais

6. O RELÓGIO

O ato de cantar, simplesmente, já é um trabalho musical muito importante. O que tenho apontado nesses textos são possibilidades musicais, a partir das canções, que podem ser realizadas com algumas delas, do repertório do grupo, para desenvolver determinados conteúdos musicais. Para isso, é necessário que o professor analise a canção e perceba qual elemento musical é mais evidente nessa canção selecionada.

O elemento musical mais perceptível na canção "O relógio"[36], do CD *A Arca de Noé*, é o rítmico. Por isso, o foco das propostas desse texto será o desenvolvimento da noção de pulso, também chamado pulsação, elemento rítmico fundamental.

Para a exploração desse conteúdo musical a partir dessa canção, sugerimos algumas atividades de movimento e de observação do nosso próprio corpo e também de objetos do nosso cotidiano.

Atividade

- Converse com as crianças sobre o pulsar do nosso coração. Proponha que elas sintam no pulso

---

[36] "O Relógio" é uma canção composta por Vinícius de Moraes e Paulo Soledade e é encontrada no CD *A Arca de Noé*, gravado pela Universal Music Brasil.

ou na região da garganta esse pulsar. Muitas vezes é difícil para elas, mas você pode ajudá-las ou mesmo fazer com que sintam em você mesmo.

- Para facilitar essa percepção, organize alguma brincadeira que use movimento, como jogo das cadeiras, pega-pega, barra-manteiga. Após a brincadeira, proponha que sintam novamente o pulsar em seus corpos. Peça a elas que executem com palmas esse pulso. Comente a diferença de andamento antes e depois da brincadeira (mais lento e mais rápido).

- Chame a atenção das crianças para a regularidade desse pulsar, isto é, sejam rápidas ou lentas, as batidas sempre mantêm um espaço de tempo igual entre elas. Realize um levantamento de objetos ou situações da natureza que possuem também um pulso regular, como uma torneira pingando, o tique-taque dos relógios, passos etc.

- Proponha às crianças que observem um relógio que não seja digital. Chame a atenção para o ponteiro dos segundos. Tentem acompanhá-lo, batendo palmas ou com instrumentos, caso os tenha.

- Cante a canção "O relógio" ou ouça a sua gravação. Proponha às crianças um trabalho corporal em que cada um será um relógio, movimentando-se livremente junto com a música. Em outro momento, você poderá conduzir a movimentação explorando vários tipos de movimento, sugerindo movimentos com as partes do corpo: cabeça, mãos, pés, ombros, cotovelos, bumbum etc.

- Cante ou ouça a música, novamente, acompanhando a canção com palmas ou mãos nas pernas ou com instrumentos. Toque no pulso da música, como um relógio.

- Se você tiver à sua disposição alguns instrumentos de percussão pequena, poderá organizar uma atividade a partir da observação de vários relógios:

- ✓ Observe e comente o som do tique-taque de cada relógio e os diferentes sons produzidos nos despertadores.
- ✓ Escolha alguns relógios com sons bem diferentes e os imite vocalmente.
- ✓ Pesquise, nos instrumentos disponíveis, e escolha alguns para cada tique-taque e para o som dos despertadores.
- ✓ Organize uma "loja de relógios", na qual você poderá reger os vários tique-taques e os vários despertadores.
- ✓ Como sugestão, você poderá usar um ou mais triângulos ou pratos pequenos para as badaladas do relógio e pau de rumba, coco, reco-reco, *woodblock* para o pulsar do relógio.
- ✓ Utilize esse pequeno arranjo para introduzir ou mesmo para finalizar a canção.
- ✓ Você poderá enriquecer o trabalho construindo com as crianças vários tipos de relógio com sucata.

⇨ O que desenvolvemos com esta atividade?

Noção de pulso – Noção da variação de andamento – Movimento corporal – Criatividade – Pesquisa de timbres

7. A NOITE NO CASTELO

Uma das possibilidades do trabalho com canções é a criação de histórias a partir de temas.

"A noite no castelo"[37], canção de Hélio Ziskind, tem como tema um castelo mal-assombrado. Castelos em geral, com príncipes e princesas ou bruxas e fantasmas, atraem muito as crianças. As crianças gostam muito de histórias de terror e ficam bastante envolvidas com esse tema e com o "clima sonoro" que o envolve.

Essa canção é curta e simples melodicamente, principalmente para as crianças mais velhas, o que facilita a exploração das possibilidades sonoras e temáticas que ela oferece.

Atividade

- Converse com as crianças sobre como eram os castelos, em que época foram construídos, quem eram seus habitantes, quais histórias elas conhecem sobre castelos. Pode-se até propor uma pesquisa sobre o assunto.

---

[37] "A noite no castelo", de Hélio Ziskind, faz parte do *Meu Pé, Meu Querido Pé*, produzido pelo próprio compositor, e também se encontra no CD *Rumo – Quero Passear*, da gravadora Palavra Cantada.

- Ouça a gravação da música "A noite no castelo". Faça comentários sobre os personagens que aparecem na música e o som que eles produzem. Imite-os vocalmente.

- Converse com as crianças sobre o tema da canção, ampliando-o. Você pode estimular a conversa com perguntas, como: *O que mais podemos encontrar em um castelo mal-assombrado? Quais sons podemos ouvir? Quem pode imaginar como seria dentro de um castelo desse tipo? Quem moraria lá?*

- Outro aspecto que pode ser observado durante a audição é em relação ao instrumento musical utilizado. Converse com as crianças sobre este instrumento: o teclado. Você pode perguntar: *Quem já viu um? Vocês sabem como funciona? Vocês sabem que o teclado consegue 'imitar' o som de outros instrumentos?* Comente sobre a utilização dos recursos do teclado no "clima" da gravação. Se tiver um teclado à disposição, explore as possibilidades de timbres diferentes que ele oferece.

- Proponha às crianças uma pequena dramatização simultânea à audição da música.

- Proponha a criação coletiva de uma história que

ilustre a música. Organize a história inventada por eles e a registre.

- Em outro momento, leia a história para eles. Escolha e pontue os momentos em que o som fica mais evidente. Faça uma exploração dos possíveis sons para cada momento pontuado. Sonorize-os vocalmente.

- A próxima etapa é uma pesquisa sonora em instrumentos ou objetos para organizar a sonorização da história inventada. Existem diversos materiais que produzem efeitos sonoros interessantes, como chapa de pulmão para chuva ou trovões, amassar vagarosamente o papel utilizado nas embalagens dos ovos de Páscoa, tocar com uma baqueta em uma tigela de ferro para imitar badaladas de sinos. Folhas secas, o ranger de uma porta, raspar os dedos em uma tábua de madeira, correntes, água pingando em uma tigela de alumínio e muitos outros materiais também podem ser bem aproveitados. Escolha os mais adequados. Lembre-se de mesclar sons vocais com sons de objetos e de instrumentos musicais.

- Uma opção possível é dividir a turma em dois grupos, ficando um responsável pela sonorização e o outro, pela dramatização da história.

Discuta com a turma em qual momento é mais interessante inserir a música "A noite no castelo": no início, no fim ou durante a história.

- Realize a sonorização com a canção. Grave, ouça, comente.

⇨ O que desenvolvemos com esta atividade?

Imaginação sonora – Pesquisa de timbres – Criatividade – Apreciação musical

8. CANTO DO POVO DE UM LUGAR

A escolha de um repertório de qualidade deve ser uma preocupação constante. Cantar e ouvir canções com qualidade musical e poética comprovada é essencial para uma boa formação musical.

Ao lado do cancioneiro popular tradicional, a MPB oferece muitas opções de qualidade incontestável. Muitos dos nomes consagrados da música popular brasileira não são conhecidos pelas novas gerações. Por que não aproximar esses mestres, que fizeram e ainda fazem a história da música popular brasileira, do universo musical das crianças?

As atividades apresentadas a seguir podem ser ampliadas para um trabalho de pesquisa com o grupo, permitindo até mesmo a participação dos pais. A canção escolhida é "Canto do povo de um lugar", de Caetano Veloso, que se encontra no CD *Joia*, gravado pela Universal Musica Brasil.

Atividade

Cante essa canção com as crianças.

- Ouça a gravação dessa música e comente alguns aspectos do arranjo; por exemplo: *Quem canta a primeira frase, homem ou mulher? Em qual frase da música ouvimos o primeiro instrumento acompanhando o cantor? Que instrumento é esse? Quantas vezes a música se repete?*

- Comente com as crianças dados sobre o compositor Caetano Veloso. Você pode iniciar uma conversa sobre MPB fazendo um levantamento de quais cantores eles conhecem e ampliando as perguntas para a família. Por exemplo: *Será que seus pais conhecem esse compositor e cantor e possuem algum disco dele? Quem sabe qual o cantor preferido do pai e da mãe? Qual instrumento os seus pais mais gostam de ouvir?*. Você pode usar essa oportunidade para propor uma pesquisa, com os pais, sobre o compositor em questão, formulando as perguntas com as próprias crianças.

- Confeccione um painel com o material recolhido em atividades na própria escola e na pesquisa com os pais, como: CDs, fotos de revistas, artigos de jornais, dados sobre o compositor (estado e cidade onde nasceu, quantos anos tem, qual instrumento toca etc.).

- Ouça as principais músicas que marcaram a carreira de Caetano Veloso.

- Experimente fazer um pequeno arranjo vocal, utilizando solos, *tutti,* duos, trios. Como ilustração, uma opção seria dividir o grupo em três, e cada um cantar uma frase. Por exemplo:

    - ✓ grupo 1 – frase do dia
    - ✓ grupo 2 – frase da tarde
    - ✓ grupo 3 – frase da noite

    Na repetição você pode escolher uma dupla para o dia, acrescentar mais quatro crianças para a tarde, e para a noite todo o grupo, que cantará junto, realizando um crescendo em densidade e volume.

- Utilizando alguns instrumentos, você pode organizar com as crianças algumas pontuações sonoras. Como ilustração, citamos alguns exemplos:

    - ✓ Imaginem os sons da paisagem sonora de um dia amanhecendo em um lugar determinado pelo grupo. Explorem esses sons vocalmente.
    - ✓ Escolham alguns sons que mais combinem com a música e instrumentos que possam representá-los. Por exemplo: sons de pássaros (apitos ou pios de pássaros), som de mar ou cachoeira (pau de chuva). Quanto

ao sol, explore a imaginação sonora das crianças e inventem um som vocal para representar o brilho dele. Depois de imaginar esse som, escolha o instrumento mais adequado para tal som. Toque os pios e o pau de chuva bem levemente durante a primeira frase e, quando cantarem a palavra sol, uma criança tocará o instrumento escolhido (triângulo, por exemplo).
- ✓ Utilizando o mesmo processo de pesquisa sonora, escolha instrumentos para tocar em alguma palavra-chave da segunda e da terceira frase, como terra e fim da tarde, noite e lua.
- ✓ Inventem um registro, isto é, uma partitura, desse arranjo. Segue como exemplo um registro feito por um grupo de crianças de oito anos.

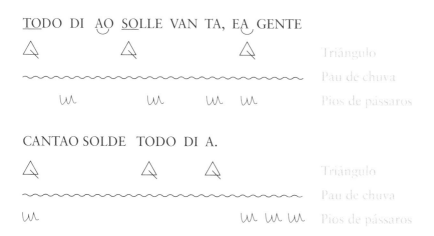

- Retome o arranjo vocal e junte com o arranjo instrumental.
 Cantem e toquem com alegria!

⇨ O que desenvolvemos com esta atividade?

Apreciação musical – Imaginação sonora – Criatividade – Registro sonoro – Conhecimento sobre MPB – Formas de organização de uma pesquisa

9. SAMBA DE MARIA LUIZA

Tom Jobim compôs "Samba de Maria Luiza" para sua filha caçula, Maria Luiza Helena, que inclusive canta com ele nessa gravação.

Escolhemos essa canção por dois motivos: o primeiro é porque as crianças apreciam muito essa música e gostam de ouvir a voz de uma delas na gravação, e o segundo está relacionado à intenção de aproximá-las dos grandes nomes da MPB, como o de Tom Jobim.

É importante que o professor possibilite essa ampliação do universo musical das crianças, valorizando esse patrimônio cultural que é a música popular brasileira e, consequentemente, estimulando o hábito de ouvir música.

Atividade

- Ouça a gravação do "Samba de Maria Luiza", no CD *Antônio Brasileiro*, da Globo Columbia – Sony Music.

- Em um segundo momento, realize uma audição voltada para a percepção e identificação dos diversos elementos estruturais da música, como: frases, número de partes, os instrumentos musicais, como foi feito o arranjo, a diferença de clima entre a primeira e a segunda parte da música e outros mais.

- Volte a atenção, agora, para a percussão. Perceba a "batida" do samba e, em especial, o swingue do ganzá. Proponha às crianças a confecção de chocalhos. Você pode utilizar potes de iogurte e pote de leite fermentado.

- Desenvolva a percepção auditiva através dessa atividade de confecção de chocalhos. Faça alguns modelos, com as crianças, variando o material a ser colocado dentro do pote: pedrinhas, arroz, areia, feijão, pregos etc. Ouça cada chocalho e observe as diferenças de timbre. Você pode propor um jogo de identificação, desenvolvendo a percepção do timbre dos diferentes instrumentos.

- Outra sugestão é fazer pares de chocalhos, isto é, dois chocalhos com arroz, dois com pedrinhas, dois com areia etc. Você toca um, e a criança procura identificar o par do chocalho tocado.

- Após as atividades de percepção com os chocalhos, escolha com as crianças qual produz o som mais interessante para tocar junto com a música. Sugerimos o de areia ou arroz, que têm um som mais suave, mas a decisão cabe a você e às crianças.

- A próxima etapa é pensar nas possíveis formas de cantar a música: todos juntos, subdividindo a turma em pequenos grupos, duplas, trios, solos. Experimente e organize. Muitas vezes, as crianças tornam-se resistentes quando propomos que cantem sozinhas. Em razão desse fato, nas primeiras experiências você pode organizar momentos de solo em duplas ou trios. Geralmente, mais tarde, quando as crianças já estão mais acostumadas a cantar dessa forma e se sentem mais à vontade, elas próprias pedem para fazer os solos, pois começam a sentir prazer nesse momento de destaque.

SAMBA DE MARIA LUIZA

É DO CABELO AMARELO (d 1)

DOS ÓIO COR DE CHUCHU (d 2)

QUANDO EU VIRAR GENTE GRANDE (d 3)

ME CASO LOGO COM TU (d 4)

O SAMBA DE MARIA (d 1 e d 2) LUIZA (d 3 e d 4)

O SAMBA DE MARIA (d 3 e d 4) LUIZA (d 1 e d 2)

tutti
O SAMBA DE MARIA LUIZA É
BONITO PRA CHUCHU

O SAMBA DE MARIA LUIZA É
BONITO PRA CHUCHU

Continua a música da mesma forma:

d 1 – dupla 1   d 2 – dupla 2
d 3 – dupla 3   d 4 – dupla 4
tutti – *todos cantando junto*s

Essa forma de cantar é apenas uma ilustração que foi realizada com um grupo de crianças de oito anos. Os solos em duplas devem ser trabalhados de maneira cuidadosa, sem forçar as crianças.

- Cante e toque com os chocalhos confeccionados pelas crianças. Grave, ouça e comente. Se necessário, grave novamente até chegar a um resultado com que o grupo se sinta satisfeito. Se você toca um instrumento de base harmônica, como violão ou piano, acompanhe o seu grupo.

⇨ O que desenvolvemos com esta atividade?

Apreciação musical – Identificação e comparação de timbres – Conhecimento sobre MPB – Noção de conjunto

10. PEIXINHOS DO MAR

"Peixinhos do mar" é uma cantiga de marujada, manifestação folclórica presente em diversas cidades da Bahia. Teve sua origem em famílias negras escravas, descendentes de reis africanos que, num sincretismo com rituais católicos, perpetuaram algumas danças e cantos africanos proibidos na época. O grupo da marujada desfila com uniforme branco e azul, e o mestre é um cargo vitalício que só pode ser exercido por membros de determinadas famílias da região.

Muitas vezes, os compositores e cantores da MPB utilizam canções folclóricas, recriando-as com arranjos mais elaborados ou, simplesmente, incorporando-as em seu repertório na forma original. Seja qual for a maneira de utilização dessas canções, a fusão entre o cancioneiro tradicional e a música popular brasileira mostra o quanto a MPB está vinculada às nossas raízes culturais.

"Peixinhos do mar" foi gravada por Milton Nascimento, com arranjo e adaptação de Tavinho Moura. Encontramos essa gravação no CD *Sentinela*, pelo selo da Universal Music Brasil. O arranjo é muito bonito e dá grande destaque à percussão.

Sugerimos ao professor que ouça atentamente a gravação. Muitas vezes uma audição concentrada nos desperta ideias para a realização de um trabalho com a canção.

Uma das possibilidades para a ampliação do trabalho com a canção é trazer para a sala de aula fotos e recortes de revistas e de jornais que apresentem Milton Nascimento aos alunos, além de outras músicas do compositor ou mesmo, nesse caso específico, outras cantigas de marujada.

Atividade

- Cante a canção para as crianças. Desenvolva a percepção do fraseado. Sugerimos a seguinte forma: cante a canção como um brinquedo de roda. Mude o sentido da roda entre a primeira e a segunda frase da primeira parte. Na segunda parte, cante a primeira frase parado, batendo palmas, e cante a segunda frase batendo os pés no chão.

- Retome a canção, conscientizando as crianças do fraseado, apontando o número de frases e mostrando que a pequena "coreografia", feita anteriormente, foi pensada de acordo com cada uma dessas frases.

- Proponha ao grupo que monte uma nova coreografia a partir do fraseado.

- O aspecto rítmico da canção é bastante evidente e pode ser trabalhado com as crianças de diversas formas. Sugerimos que o professor utilize um pequeno motivo rítmico para esse trabalho:

$$\text{tum} \quad \text{dum}$$
$$\text{curto} \quad \text{longo}$$

- Cante a canção e, ao final de cada frase da primeira parte, bata palmas no motivo rítmico acima. Em um segundo momento, você pode acrescentar a marcação da pulsação ou pulso[38] batendo as mãos nas pernas durante o canto e, ao final da frase, batendo palmas no motivo rítmico. Na segunda parte da música, sugerimos que cante batendo as mãos nas pernas para marcar a pulsação e bata palmas na palavra "bala".

- Quando essa "percussão corporal" estiver incorporada pelas crianças, você poderá propor a substituição dos gestos por instrumentos musicais ou utilizar gestos e instrumentos ao mesmo tempo. Traga para a sala de aula instrumentos como tambor, pau de rumba, pandeiro, reco-re-

---

[38] Pulso ou pulsação são tempos que, rápidos ou lentos, sempre mantêm o mesmo espaço de tempo entre eles, isto é, uma regularidade, como o pulsar do coração, o andar, a marcação dos segundos em um relógio. As músicas, no geral, têm um pulso norteador das diferentes durações dos seus ritmos.

co. Relembre com as crianças o nome e o timbre de cada um. Escolha quais instrumentos deverão substituir cada gesto da percussão corporal realizada anteriormente. Organize esse pequeno arranjo. A seguir, indicaremos a nossa sugestão de instrumentos e percussão corporal.

- Existem muitas possibilidades de exploração de temas de trabalho a partir dessa canção; por exemplo: marinheiros e o mar, os seres que habitam o fundo do mar, as cantigas de marujada e as manifestações folclóricas da Bahia, momento histórico da escravidão e outros projetos interdisciplinares.

PEIXINHOS DO MAR

Tradicional brasileira

Primeira frase

QUEM MEEN SI NOU A NA DAR, [ ] QUEM MEEN SI NOU A NA DAR [ ] voz
| | | | | | | | Pulsação
             TUM DUM   TUM DUM   Motivo rítmico

Segunda frase

FOI [ ] FOI, MARI NHEIRO, FOI OS PEI XINHOS DO MAR [ ] voz
| | | | | | | Pulsação
                                    TUM DUM   Motivo rítmico

Canta-se novamente a primeira parte (primeira e segunda frases)

Terceira frase

É NÓS [ ] QUE VIEMOS DE OUTRAS TERRAS, [ ] DE OUTRO MAR [ ] voz
| | | | | | | | Pulsação
                                        TUM DUM   Motivo rítmico

Quarta frase

TEMOS PÓLVORA, CHUMBO E BALA [ ] NÓS QUEREMO [ ] É GUERREAR [ ] voz
| | | | | | | | Pulsação
             TUM DUM   TUM DUM   Motivo rítmico

Canta-se novamente a segunda parte (terceira e quarta frases)

[ ] – Silêncio na voz

Cada figura dessas (|) corresponde a uma pulsação, isto é, a uma "batida" regular. Os sinais _ __ correspondem àquele motivo rítmico falado anteriormente.

Pulsação – mão na perna, tambor, pau de rumba
Motivo rítmico – palmas, pandeiro, reco-reco

⇨ O que desenvolvemos com esta atividade?

Noção de fraseado – Noção de pulsação e de motivo rítmico – Coordenação – Conhecimento sobre MPB e manifestações tradicionais populares

11. ALLUNDE, ALLUYÁ

Cantar músicas de outros povos em outras línguas pode parecer complexo para os adultos, mas o que se observa é que as crianças gostam muito dessas canções exatamente pelos sons "estranhos" ao seu universo.

É comum notarmos nos adultos certo desconforto quando não compreendem o significado das palavras de uma canção em língua estrangeira; já para as crianças, o que as atrai são as palavras novas cujos sons estranhos representam novas descobertas. Como a criança está sempre muito aberta a aprender coisas novas, ela ouve essas canções sem fazer distinção entre um idioma e outro, pois para ela esse dado parece não ter muita importância. Nesse primeiro momento, o foco de interesse das crianças se encontra na sonoridade da língua, na melodia e no ritmo da canção, além da novidade de cantar algo que lhe é estranho. Esse conjunto de fatos é divertido para elas.

Além do encantamento natural que o repertório de outras culturas possa produzir nas crianças, é essencial que o professor reflita sobre o porquê e quais contribuições essa escolha pode trazer ao trabalho.

Para que a música possa aprofundar conteúdos e transformar-se em uma atividade significativa para o professor e, consequentemente, para os alunos, essa reflexão deve trazer a convicção de que o contato com outras culturas pode ampliar os horizontes da criança além do seu universo musical, trazendo um maior respeito às diferenças e uma mudança na maneira de olhar a própria cultura.

Ao lado dessa reflexão, um trabalho com outras culturas exige também do professor uma curiosidade, uma pesquisa pelo contexto musical, social e histórico no qual essas canções estão inseridas. Estar atento à pronúncia, à instrumentação, ouvir gravações, pesquisar imagens na internet, enfim, ampliar essas informações só enriquecerá o trabalho musical.

Escolhemos como possibilidade de trabalho com outros povos uma canção africana: "Allunde, Alluyá", uma oração ao Sol em forma de canção[39].

Quando entramos no universo da música africana, é fundamental ter claro que estamos, na realidade, diante de um universo muito mais amplo, isto é, de uma grande diversidade musical que chamamos de música africana. O sincretismo musical, os gêneros,

---

[39] "Allunde, Alluyá", canção coletada por Salli Terri. Arranjo de Magda Pucci e Décio Gioielli. Originariamente gravada no CD *Mawaca* (São Paulo – Ethos Music, 1998) e posteriormente publicada no livro-CD *De Todos os Cantos do Mundo* (São Paulo: Companhia das Letrinhas, 2008).

as polifonias rítmicas, enfim, a diversidade musical da África é imensa – como o seu continente.

A África é um continente multicultural com mais de mil idiomas e oitocentas etnias. Durante a colonização (do século XV até o XIX), seus países foram constituídos sem que fosse levada em consideração a divisão étnica já existente. Com o fim da Segunda Guerra Mundial, o enfraquecimento das potências europeias, o nacionalismo emergente e outros fatores, o processo de descolonização começou a acontecer e as emancipações e mudanças políticas começaram a transformar todo o continente. Esses fatos históricos tiveram muitas consequências no âmbito cultural e, consequentemente, na vida musical.

"Allunde, Alluyá" é uma canção originária de algum país do norte da África ou provavelmente da Tanzânia, onde se fala o suaíli, língua dos países islâmicos que mistura palavras árabes com africanas. A gravação que utilizamos é a do CD *De Todos os Cantos do Mundo*, livro com histórias das músicas do grupo Mawaca, de Heloisa Prieto e Magda Pucci.

Essa canção infantil reverencia o Sol, ainda muito venerado em diversos países do norte da África. Ela pertence a um gênero denominado *prayer song*, isto é, "canção de orar". Então, "Allunde, Alluyá" é um pedido de proteção e iluminação em forma de canção.

Ela é apresentada pelo grupo Mawaca como um cânone, forma musical na qual uma voz começa cantando a melodia e logo após é seguida por outra voz que canta a mesma melodia. O cânone, provavelmente, deriva de um sistema muito tradicional na África e está presente também em diversas partes do mundo, onde é conhecido como canto responsorial, isto é, canto em que um grupo "responde" ao solista.

Nesse arranjo de "Allunde, Alluyá" foi utilizado um instrumento muito tradicional na África do Sul: a *mbira*, também conhecida no Brasil como *kalimba*, um *piano-thumb*, isto é, uma caixa de madeira (podem ser cabaças também) com lâminas de metal afinadas em diferentes tons, tocadas pela ponta dos dedos.

As possibilidades musicais a ser trabalhadas são inúmeras. A seguir, apresentamos algumas.

Atividade

- Apresente a canção através da história[40] e ensine a melodia de "Allunde, Alluyá".

"Era uma vez um homem que queria muito conhecer o Sol, bem de pertinho.

---

[40] A história completa, assim como o CD com a gravação de "Allunde, Alluyá", pode ser encontrada no livro *De Todos os Cantos do Mundo*, de Heloisa Prieto e Magda Pucci (São Paulo: Companhia das Letrinhas, 2008).

Então, começou a viajar para o oeste, atravessou um rio, subiu uma montanha e avistou uma bola de fogo. Avistou um palácio, a morada do Sol, e, chegando lá, foi recebido pela esposa do Sol. Quando o Sol chegou, o convidou para jantar.
Ele lá adormeceu e, na manhã seguinte, o Sol lhe deu pão fresquinho e pediu que fechasse os olhos e, quando os abriu, já estava em casa, no meio da família. Desde esse dia, a prosperidade reinou em sua casa, e todos reverenciam o Sol."

- Ensine a canção usando o canto responsorial, isto é, você canta primeiro sozinho, e os alunos o imitam cantando todos juntos a mesma frase que você cantou. Essa forma de cantar é muito utilizada na África, uma pedagogia baseada na oralidade. Uma estratégia é cantar algumas vezes a mesma frase, uma em seguida à outra, sem explicar, simplesmente cantando e indicando a repetição com os gestos.

Allunde Allunde – solo
Allunde Allunde – grupo
Allunde Alluyá – solo
Allunde Alluyá – grupo
Allunde Allunde – solo
Allunde Allunde – grupo
Allunde Alluyá – solo
Allunde Alluyá – grupo

Cante algumas vezes antes de passar para a próxima frase.

Za-pu-wahya Ya-ku-so – solo
Za-pu-wahya Ya-ku-so – grupo
Ai-yai-yai-yaiaaaaa Allunde – solo
Ai-yai-yai-yaiaaaaa Allunde – grupo

Cante algumas vezes antes de passar para a próxima frase e assim por diante.

- Contextualize a canção. Se tiver a possibilidade de projetos integrados com outras disciplinas, pode ser uma boa oportunidade para trabalhar diversos conteúdos adaptados à faixa etária do seu grupo, como localização da África, países do norte da África, questões geográficas, históricas, sociais e culturais, o multiculturalismo na África e tantos outros conteúdos que forem pertinentes ao processo do seu grupo. De toda forma, é desejável que você trabalhe com as informações básicas sobre o contexto da canção.

Sugerimos como temas básicos:

✓ As "muitas Áfricas" na África.
✓ A diversidade musical e a função da música, parte integrante da vida social e religiosa.

- ✓ O mito de reverência ao Sol nos países do norte da África.

- Ouçam a gravação e identifiquem:

    - ✓ Quem canta? Homens, mulheres, crianças?
    - ✓ Que instrumento vocês podem identificar? É de corda? Sopro? Percussão? Se vocês não o conhecem, saberiam dizer de qual material é feito somente pelo som?
    - ✓ Prestem atenção no canto. O que acontece com as vozes? Cantam todas juntas?

- Após essa apreciação musical, quando serão identificados diversos elementos, destaque a percepção do cânone. Se necessário, ouça a gravação novamente para que as crianças percebam essa forma musical, que também é muito cantada na África.

- Divida a turma em dois grupos e cantem em cânone.

- Ouçam novamente e prestem atenção à *mbira*. Traga fotos desse instrumento e apresente às crianças. Se tiver uma *mbira* (*kalimba*) à disposição, passe pela roda para que as crianças a explorem sonoramente.

- Apresente às crianças esse gênero musical africano: a música para *mbira*. É um tipo de música encontrada em três situações: como base para contar histórias, para canções de ninar e para entrar em transe. Chame a atenção do *ostinato*, motivo melódico-rítmico que se repete e vai variando e modulando durante toda a canção. É essa repetição que facilita o transe e o próprio sono.

- Retome o cânone e a história. Peça para um aluno contar a história enquanto o grupo canta em uníssono, isto é, todos juntos, bem levemente, e, quando terminar, todos cantam em cânone.

- Invente outro acompanhamento com outro instrumento, como violão, xilofone, piano ou percussões.

Allunde, Alluyá   Viva o Sol que ilumina

Allunde Allunde,   Deus do Sol a nascer,
Allunde Alluyá   Proteja essa criança,
Za-pu-wahya   Ajude-a a crescer
Ya-ku-so   E tornar-se
Ai-yai -yai -yai   Um adulto
aaaaa Allunde   Que a nossa tribo
Man-daia-kua-kua,   Vá fortalecer...
a-kua-kua man-day
Ai-yai -yai -yai
Allunde, Allunde
Allunde, Allunde Alluyá!

⇨ O que desenvolvemos com esta atividade?

Canto – Apreciação musical – Contextualização histórica – Percepção de timbres

12. TAMOTA

Quando desenvolvemos um trabalho de educação musical, selecionamos as diferentes propostas de atividades de acordo com uma conjunção de fatores: o momento do grupo, os objetivos pedagógico-musicais, os projetos, o encantamento do professor por determinada música ou mesmo uma contribuição musical de algum aluno que possa surgir e envolver a classe toda e ser aproveitada pelo professor.

Neste texto, continuamos com a proposta de colocar as crianças em contato com culturas e manifestações musicais diferentes da nossa. Com a música "Tamota", a nossa sugestão é ter como critério de seleção de repertório também o estético e o encantamento pessoal por uma música e não somente o didático. É lógico que o educador consciente terá o bom senso de filtrar o que é pertinente, de acordo com o conhecimento musical e a faixa etária do seu grupo, mas, quando o professor leva aos alunos uma música de que realmente gosta, quase sempre passa esse encantamento ao grupo de forma natural.

Em síntese, consideramos não ser necessário que a seleção do repertório passe sempre pelo crivo do didático; em muitos momentos, sim, é preciso, mas em outros o critério do que faz sentido musicalmente para o professor pode ser a escolha mais correta.

"Tamota", em nossa opinião, é um feliz encontro entre duas culturas muito diferentes, pelo menos geograficamente: o Brasil indígena e o Japão. A primeira canção é um canto de despedida dos txucarramães, grupo caiapó do Xingu, e a segunda, uma cantiga folclórica japonesa da província de Toyama. Esse arranjo encontra-se no CD *Rupestres Sonoros*, do grupo Mawaca[41].

Atividade

- Cante a canção "Tamota" sem a intervenção da canção japonesa "Kokiriko", como está apresentada no arranjo do grupo Mawaca.

- Após o aprendizado da canção, proponha aos alunos que a cantem marcando o pulso com as mãos fechadas sobre a mesa, por exemplo.

- Percebam que existem pulsos que, naturalmente, possuem um apoio maior e se encaixam nas sílabas que também são mais apoiadas na letra da canção. Percebam a regularidade desse apoio; a esse pulso mais apoiado chamamos de tempo forte do compasso[42].

---

[41] Mawaca é um grupo que se dedica à pesquisa e recriação da música de várias culturas, buscando sempre relacioná-las aos elementos da música brasileira.

[42] Compasso é a divisão de uma música ou trecho musical em grupos regulares de pulsações. Por exemplo, se em determinada música ou trecho musical percebemos que as pulsações estão agrupadas de três em três, regularmente dizemos que essa música ou trecho musical apresenta compasso ternário. Leia mais no Glossário.

```
4 |         |         |         |3       |         |
4 |— — — — |— —      |— — — — |4— — —  |— — — —  |
  TA MO TA MO RIO RE  TA MO TA MO RIO RE  TI MO  RE  TI MO
```

e assim por diante

__ PULSO OU PULSAÇÃO

SÍLABAS EM NEGRITO E O SINAL __ APOIO DA PULSAÇÃO OU TEMPO FORTE DO COMPASSO

- Cante marcando o pulso com caxixis. Divida a turma em dois grupos: um grupo marca o tempo forte do compasso, e o outro, todas as pulsações. Trabalhe a percepção da mudança de compasso na melodia: no começo é um quaternário (o apoio de quatro em quatro pulsos) e logo em seguida, nas sílabas "RE TI MO", passa a ser um compasso ternário (o apoio de três em três tempos).

- Cante a canção "Kokiriko".

- Cante a mesma canção marcando o pulso. Perceba o compasso quaternário.

- Realize um trabalho de apreciação musical, identificando os elementos do arranjo. (Você encontrará sugestões de atividades na página 123, no Módulo Ouvir – Escuta Ativa Tamota).

- Cantem novamente buscando uma interpretação mais cuidada a partir das percepções do trabalho de apreciação musical desenvolvido anteriormente.

- Proponha aos alunos uma criação coletiva de um arranjo para essas duas canções, inspirados nessa ideia de intervenção de uma canção em outra.

- Gravem, ouçam, comentem, regravem até descobrir a forma do arranjo vocal que mais os agrade.

TAMOTA

TAMOTA MORIORE, TAMOTA MORIORE
MORE TIMORE TIMORE, TIMORE
RE TIMORE, TIMORE TIMORE

KOKIRIKO

KOKIRIKO NO TAKE WA
SHICHISUN GOBU DJÁ

⇨ O que desenvolvemos com esta atividade?

Canto – Apreciação musical – Contextualização histórica – Criatividade – Noção de compasso – Noção de arranjo musical – Percepção de timbres

13. BRINCADEIRAS DE RODA 1 – PAI FRANCISCO

Organizamos os próximos quatro textos em um bloco único com a proposta de resgatar as brincadeiras de roda, também chamadas de brinquedos de roda.

Mesmo fora dos círculos ligados à educação, grande parte das pessoas já adquirira a consciência do significado do brincar para a criança, mesmo depois de ingressar no ensino fundamental. O brincar é uma das formas mais eficientes de que a criança se utiliza para apreender o mundo, elaborar questões emocionais e psicológicas, ter prazer e relacionar-se com o outro.

Na atualidade, encontramos poucos brinquedos de roda entre as inúmeras brincadeiras espontâneas das crianças. Sem dúvida, as crianças não deixaram de brincar, mas estão muito mais envolvidas com brinquedos tecnológicos e já não possuem um repertório significativo dessas brincadeiras de tradição popular e infantil.

Como diz Lydia Hortélio[43], "a Música Tradicional da Infância em nosso país passa por um adormecimento... Mesmo havendo aqui e ali um desejo renovado de praticá-la, esbarramos na exiguidade do repertório existente, no esquecimento da tradição"[44].

O brinquedo de roda é jogo, é música, é dança e é também tradição popular. E qual é o papel do educador em face dessa situação de *adormecimento* e de *esquecimento* das manifestações tradicionais da cultura da infância? Como estar plugado no século XXI sem tirar os pés dessa herança cultural?

Sem dúvida, vivemos em um momento histórico difícil e complexo para a educação. É necessário ao educador muita dedicação e discernimento para saber o que é preciso perpetuar e priorizar na educação das crianças e dos adolescentes, nessa constante e intensa busca de informação e conhecimento, neste mundo globalizado.

---

43 Lydia Hortélio é referência na educação musical brasileira, principalmente nos temas relacionados à cultura da infância e da música brasileira. Com formação em educação musical e etnomusicologia, com estudos no Brasil, Alemanha, Portugal e Suíça, tem participado de vários projetos de educação, buscando favorecer a inteireza e o movimento da criança, dentro do seguinte espectro: música, cultura infantil, identidade cultural e educação. Produziu, entre outros trabalhos, os CDs *Abra a Roda Tin Do Lê Lê* e *Oh! Bela Alice*.
44 Texto retirado do encarte do CD *Abra a Roda Tin Do Lê Lê*. Pesquisa e direção de Lydia Hortélio.

Neste momento histórico de mudanças tão rápidas, resgatar e cultivar esse repertório de folguedos, festas e brincadeiras de roda chega a ser uma imposição ao educador consciente. Ao lado da dita importância do brinquedo popular, ele também oferece inúmeras possibilidades musicais a ser desenvolvidas.

Por fim, mais uma vez as palavras de Lydia Hortélio sintetizam com muita sabedoria "o valor e a importância da música tradicional da infância como patrimônio maior, aquilo que de mais sensível e fundamental possui a cultura de um povo. Nela estão encobertos os arquétipos, as características estruturais e poéticas da língua-mãe e da língua-mãe musical em seu nascedouro. A consciência desse fato nos impõe a necessidade de seu cultivo, a atenção que ela merece para a afirmação do Brasil, para o gozo do chão espiritual comum sobre o qual poderemos construir a nação que sonhamos[45]".

Atividade

PAI FRANCISCO

Brincadeira de roda tradicional

Pai Francisco entrou na roda,
tocando seu violão.

---

[45] Texto retirado do encarte do CD *Abra a Roda Tin Do Lê Lê*. Pesquisa e direção de Lydia Hortélio.

Dararão, dão, dão.
Dararão, dão, dão.

Vem de lá seu delegado,
e Pai Francisco vai pra prisão.

Como ele vem todo requebrado,   *bis*
parece um boneco desengonçado.

- Muitas vezes, as crianças se envolvem bastante com uma canção quando utilizamos o recurso da história, isto é, quando contamos a história da canção antes mesmo de cantá-la. Experimente essa estratégia, usando toda sua capacidade teatral! Conte a história da canção e, em seguida, cante.

- Repita a canção por frases para que as crianças a memorizem.

- Trabalhe o fraseado da canção, propondo que as crianças inventem gestos diferentes para cada frase enquanto cantam.

- Você pode explorar a pulsação da música a partir dos gestos inventados anteriormente. Os gestos devem acontecer na pulsação da música, mantendo-se um gesto diferente para cada frase. Por exemplo:

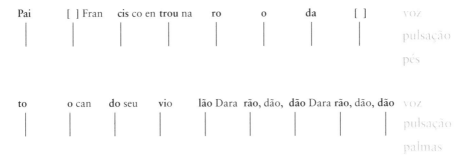

Observação: as sílabas em negrito e o sinal | correspondem à pulsação. O símbolo [ ] registra o silêncio na voz.

- Muitas vezes, as crianças, quando cantam "Dararão, dão, dão", naturalmente marcam o ritmo e não a pulsação. Você pode aproveitar e trabalhar esses dois conceitos. Uma forma de definir esses conceitos utilizados e que as crianças entendem muito facilmente é que *o ritmo é o que fazemos com a boca quando cantamos; então precisamos cantar com as mãos! E a pulsação é como se caminhássemos na música; então é o que nosso pé faria!* Essa é uma das inúmeras formas de apresentar esses conceitos, mas o importante é que as crianças já os tenham interiorizado com atividades anteriores, mesmo sem a consciência dos nomes.

- Conte às crianças que essa música é também uma brincadeira. Escolha entre elas uma para ser o delegado e outra para ser o Pai Francisco. A brincadeira é assim:

As crianças estão de mãos dadas, em roda e girando enquanto cantam a canção.

O Pai Francisco, que estava fora da roda, vai para dentro dela quando as crianças começam a cantar; o delegado ainda fica fora da roda. Os dois personagens representam o que a canção conta, isto é, o Pai Francisco está tocando o seu violão quando o delegado aparece e o leva para a prisão. Ele vai fazendo "gracejos", requebrando, desengonçado[46].

Lembre-se de que essa brincadeira destaca duas crianças, e você pode ajudar a harmonizar o grupo incentivando quem é tímido, e não quer ser um dos personagens, a se lançar nessa posição de destaque; por outro lado, pode achar formas de a criança que sempre quer estar na posição de destaque conseguir esperar sua vez. O importante é agir com sensibilidade em qualquer situação que exponha as crianças.

---

[46] No livro *Brincando de Roda*, de Íris Costa Novaes, 1983, Agir, encontramos outra variante desta brincadeira: *...a roda gira, cantando. No terceiro e quarto versos, as crianças deixam as mãos dos companheiros e fazem a mímica correspondente à letra. Novamente dão as mãos e continuam cantando e girando em roda. Na quadra final, enquanto todas, paradas, batem palmas no ritmo da melodia, o Pai Francisco entra na roda fazendo requebros. Quando termina, escolhe a criança que deverá substituí-lo.*

- Você pode ampliar a cena do delegado brigando com o Pai Francisco a partir de estímulos como estes: *como será que o delegado falou com o Pai Francisco? Ele estava como? Calmo, furioso, irritado? Quem quer imitar o delegado? Agora, quando eu tocar o triângulo, você congela como se fosse a estátua do delegado, OK? Olhem só o rosto do delegado, as suas mãos, o corpo! E o Pai Francisco, o que ele estava fazendo? Ele estava feliz ou triste antes de o delegado chegar? Por que ele foi para a prisão todo desengonçado? Quem quer imitar o Pai Francisco indo para a prisão? Como será que ele estava se sentindo?* Evidencie a importância da expressão da face e do corpo do delegado e do Pai Francisco nas cenas. Aproveite para pontuar com as crianças como o nosso corpo "fala".

- Depois desse trabalho teatral, refaça a brincadeira e apenas brinque!

⇨ O que desenvolvemos com esta atividade?

Sociabilização – Coordenação motora – Senso de pulsação e ritmo – Canto – Expressão corporal – Expressão teatral

14. BRINCADEIRAS DE RODA 2 – PAI FRANCISCO

As brincadeiras de roda possibilitam diversas situações nas quais a criança exercita sua imaginação, fantasia, desinibição e também comportamentos sociais, como cooperação e respeito às regras e ao próximo.

Como diz Íris Costa Novaes, "A roda é o princípio do grupo, dá a sensação de união, de um todo ao qual se pertence... Podemos então afirmar que o brinquedo de roda se constitui no primeiro passo para o ajustamento social da criança"[47].

Talvez a brincadeira de roda seja tão múltipla em possibilidades porque contém elementos de diversas linguagens artísticas, como o jogo, um dos materiais básicos da linguagem teatral, o canto e a dança.

Utilizada como mais um recurso na educação, a partir dela também se pode desenvolver atividades de integração de linguagens. Nas propostas sugeridas a seguir, a música pode se juntar ao desenho e à dramatização em uma divertida brincadeira.

---

47 NOVAES, Íris C. *Brincando de Roda*. Rio de Janeiro: Agir, 1983.

Atividade

- Retome a canção "Pai Francisco" batendo palmas no pulso, como fizeram anteriormente.

- Proponha às crianças uma "orquestra de gestos". Divida a turma em quatro grupos e faça com que os componentes de cada grupo combinem um gesto entre si.

1.º grupo: Pai Francisco entrou na roda, tocando seu violão.
(estalos de dedos)

2.º grupo: Dararão, dão, dão. Dararão, dão, dão.
(palmas)

3.º grupo: Vem de lá seu delegado, e Pai Francisco vai pra prisão.
(pé)

4.º grupo: Como ele vem todo requebrado, parece um boneco desengonçado.
(dançando)

Musicalmente, o "dararão, dão, dão" pertence à primeira frase, mas, como o ritmo dessas palavras se destaca de maneira natural no esquema acima, um grupo se ocupa exclusivamente desse motivo rítmico. É importante que isso também fique claro para os alunos.

- Cante a canção com essa "orquestra de gestos". Em outro momento, se tiver à disposição instrumentos musicais, organize um pequeno conjunto a partir dos elementos musicais trabalhados: fraseado, pulsação e motivo rítmico.

- Escolha com as crianças os instrumentos para substituir cada gesto. Cante com o acompanhamento de cada grupo de instrumentos. Grave, ouça, comente.

- Proponha a confecção de um painel com a cena da "briga" do Pai Francisco com o delegado. Você pode utilizar um rolo de papel *craft*, estendendo-o no chão, com uma das crianças deitando-se sobre ele na posição do delegado e outra na do Pai Francisco. Nesse momento, é bom relembrar o trabalho anterior com a expressão facial e corporal dos personagens. Contorne o corpo de cada criança-personagem.

- Com esse contorno no papel, proponha aos alunos que completem o desenho incluindo objetos e figuras da paisagem da cena. Defina com eles onde se passa a história: em uma praça, na rua, no quintal da casa do Pai Francisco? Determine o material a ser utilizado (giz de cera, tinta, lápis de cor...), de acordo com o que considerar mais adequado para o seu grupo no momento.

- Após a finalização do painel, coloque barbante nas pontas e estenda-o de uma parede a outra. Recorte os rostos e as mãos dos dois personagens e proponha às crianças que experimentem colocar seus rostos e suas mãos nas aberturas correspondentes. Cantem, toquem... divirtam-se com essa brincadeira!

⇨ O que desenvolvemos com esta atividade?

Sociabilização – Atenção – Concentração – Senso de pulsação e ritmo – Prática instrumental – Expressão plástica

15. BRINCADEIRAS DE RODA 3 – RODA, PIÃO

As brincadeiras cantadas sintetizam música, movimento e jogo. Neste texto, a ênfase se concentrará na relação música–movimento.

O desenvolvimento motor da criança apresenta diferentes fases, e ela utiliza o movimento para se expressar desde muito pequena. A importância do movimento para a criança da primeira infância é incontestável, mas, infelizmente, quando as crianças ingressam no ensino fundamental, a ansiedade das escolas, dos pais e da sociedade pelos conteúdos formais faz cair no esquecimento o quanto essa criança ainda é corporal, encontra prazer no movimento e necessita dele para se expandir, se expressar e aprender.

Correr, pular, saltitar, rolar, rodar, escorregar são movimentos espontâneos e muito prazerosos para a criança. A possibilidade de unir música a esses movimentos naturais da infância é um recurso rico para o desenvolvimento rítmico e motor.

O aspecto rítmico da música está relacionado diretamente à resposta corporal do homem. Podemos observar esse fato em várias situações de nosso dia a dia e, principalmente, nas crianças.

Edgar Willems[48], já no começo do século XX, fundamentava seu trabalho a partir de relações entre os aspectos triplos do ser humano e os da linguagem musical, a partir das quais observava essa relação entre o aspecto rítmico da música e o aspecto físico do homem. Essa abordagem, concebida por esse educador musical, está inserida em uma concepção filosófica sobre a música. A seguir, transcrevemos um pequeno trecho do livro *Novas Ideias Filosóficas sobre a Música*, de Edgar Willems:

Entre o polo da matéria e o do espírito situa-se a vida humana. E essa vida, nós a consideramos sob um triplo aspecto. (...) Limito-me aos três aspectos principais por serem os mais acessíveis, visto que nos expressamos diariamente através de cada um deles. E agora, diante desses três elementos fundamentais, colocamos os da música: diante da vida física, o elemento rítmico, a vida, a propulsão rítmica; diante da afetividade, da emoção, do sentimento, colocamos o elemento melódico; diante da inteligência, da vida mental, colocamos o elemento harmônico.

---

48 Edgar Willems, considerado um dos principais nomes da primeira geração da educação musical, nasceu na Bélgica em 1890, mas foi na Suíça que consolidou sua formação musical, desenvolveu seu trabalho e sistematizou sua metodologia.

VIDA HUMANA

MATÉRIA vida fisiológica vida afetiva vida mental ESPÍRITO

SOM vida rítmica vida melódica vida harmônica ARTE

MÚSICA

É evidente que este esquema não é senão uma introdução num mundo que escapa a toda sistematização; mundo onde ritmo, melodia e harmonia têm, cada um, triplo aspecto físico, afetivo e mental, conservando, contudo, sua característica própria[49].

As atividades propostas a seguir têm como objetivo explorar os movimentos naturais das crianças a partir das sugestões que a própria canção "Roda, pião" apresenta.

A melodia da canção "Roda, pião" apresenta um motivo rítmico sincopado bem brasileiro e que traz uma resposta corporal imediata.

É importante enfatizar que as brincadeiras de roda encerram em si riqueza tal que não seria necessário nenhum trabalho complementar, a não ser o de brincar, simplesmente. No entanto, essa sua

---

[49] WILLEMS, E. *Novas Ideias Filosóficas sobre a Música*. Bienne (Suíça): Edições Pró-Música, 1934.

multiplicidade de atributos possibilita a realização de inúmeras atividades musicais, corporais e em várias outras linguagens.

Atividade

RODA, PIÃO

O pião entrou na roda, ó pião,	Faça uma cortesia, ó pião,
O pião entrou na roda, ó pião,	Faça uma cortesia, ó pião,
Roda, pião, bambeia, ó pião,	Roda, pião, bambeia, ó pião,
Roda, pião, bambeia, ó pião,	Roda, pião, bambeia, ó pião.
Sapateia no terreiro, ó pião,	Atira a tua fieira, ó pião,
Sapateia no terreiro, ó pião,	Atira a tua fieira, ó pião,
Roda, pião, bambeia, ó pião,	Roda, pião, bambeia, ó pião,
Roda, pião, bambeia, ó pião.	Roda, pião, bambeia, ó pião.
Mostra tua figura, ó pião,	Entrega o chapéu ao outro, ó pião,
Mostra tua figura, ó pião,	Entrega o chapéu ao outro, ó pião,
Roda, pião, bambeia, ó pião,	Roda, pião, bambeia, ó pião,
Roda, pião, bambeia, ó pião,	Roda, pião, bambeia, ó pião.

- Pergunte às crianças se elas conhecem um brinquedo que se chama pião. Investigue, entre elas, se alguém tem pião, como são esses piões: se é de plástico, madeira, metal, de corda ou com fieira. Converse sobre a época em que se brincava muito com esse brinquedo. *Será que alguém do grupo sabe rodar pião?* Enfim, explore esse tema!

- Proponha às crianças que façam perguntas em casa aos pais sobre o pião e peça para trazê-lo, quem tiver.

- Trabalhe a observação das diferenças entre os piões trazidos pelas crianças.

- Nesse momento é importante que você, professor, tenha providenciado alguns piões para dar continuidade à atividade, caso as crianças não os tenham trazido. Hoje, existem piões de vários materiais e de vários tipos. Seria interessante que você providenciasse uns três piões diferentes. Não se esqueça de incluir, logicamente, o original, isto é, o de madeira e barbante. Desafie o grupo a aprender a jogar o pião original. Não é nada fácil!

- Observem o movimento dos piões. Proponha, a seguir: *Quem consegue imitar com o corpo um pião? Vamos observar este amigo imitando o pião! O que ele faz? Ele gira rápido e depois, aos poucos, vai parando, fazendo um leve balanceio!* Chame a atenção das crianças para a forma circular desses movimentos.

- Faça uma roda, com todos em pé. Peça para uma criança inventar um movimento, com o corpo todo ou com alguma parte, que se pareça com o girar e o balançar do pião. As outras crianças devem imitá-la, em seguida, como a brincadeira do "Seu mestre mandou". Elas podem, se quiserem, mesclar movimentos. Continue a brincadeira, mudando o mestre.

- Repita a brincadeira, agora com a proposta de inventar movimentos opostos à forma circular dos movimentos anteriores, isto é, movimentos pontudos, de linhas retas. As crianças podem usar pés (sapateados), mãos, braços, cotovelos, o que quiserem.

- Combine um sinal sonoro para os movimentos do pião (circulares), outro para os movimentos opostos, os "pontudos, de linhas retas", e um terceiro para "silêncio de corpo", isto é, ausência de movimento. Lembre que os movimentos podem ser feitos por diversas partes do corpo. A brincadeira é a seguinte: as crianças têm que se movimentar pelo espaço e parar como estátua, de acordo com o sinal sonoro; o aluno que realizar o movimento errado ou não conseguir parar totalmente na hora da "estátua" sai da brincadeira.

- Realize, após essa brincadeira, um breve relaxamento.

- Após o relaxamento, cante, em roda, a canção "Roda, pião".

- Ensine a brincadeira às crianças: elas formam uma roda, e uma delas é escolhida para ser o pião, posicionando-se no centro. Canta-se a música, e a roda gira durante os dois primeiros versos. Ao iniciar o terceiro verso, a roda para, e as crianças cantam e batem palmas; a criança que está no meio imita o movimento sugerido pela música.

⇨ O que desenvolvemos com esta atividade?

Concentração – Observação – Atenção – Desenvolvimento motor – Imitação e invenção de movimentos – Expressão corporal

16. BRINCADEIRAS DE RODA 4 – RODA, PIÃO

No texto anterior, a ênfase foi para o trabalho corporal com os movimentos inspirados pelo pião. Desenvolvemos também a percepção e a execução de movimentos opostos ao girar e balançar, trabalhando com movimentos mais angulosos. Neste texto, a canção "Roda, pião" é inspiradora de atividades rítmicas.

A reprodução e a invenção são as duas formas de produzir música. Portanto, o educador deve estar atento, em suas propostas aos alunos, ao equilíbrio dessas duas formas de produção musical. Espontaneamente, as crianças utilizam a imitação como estratégia de elaboração de informações, incorporando essas imitações ao seu repertório e criando novas habilidades a partir desse estímulo.

A atividade proposta a seguir parte dessas duas formas do fazer musical: a reprodução e a invenção. Consideramos que o educador deva conduzir o processo de musicalização das crianças com atividades que enfatizem tanto a reprodução como a criação.

No seu planejamento inicial, o educador deve observar se há equilíbrio entre esses dois tipos de atividade. A compreensão de qualquer conteúdo musical pode ser desenvolvida a partir de exercícios que apresentem esses dois aspectos.

Atividade

- Utilizando a mesma brincadeira descrita no texto anterior, "Seu mestre mandou", proponha a uma criança que invente um ritmo, batendo palmas, para as outras imitarem. Repita a brincadeira, mudando o "mestre".

- Repita a proposta acima utilizando os pés para realizar o ritmo inventado.

- Com a mesma proposta de brincadeira, utilize pés e mãos para realizar o ritmo inventado.

- Selecione com o grupo o motivo rítmico que foi mais facilmente memorizado ou invente um coletivamente.

- Rondó rítmico[50]: faça uma roda com as crianças sentadas. Cada uma deve ter o seu instrumento na mão. Utilize como parte A do rondó o ritmo selecionado anteriormente, em que todas as

---

[50] Esse exercício é um jogo de improvisação elaborado por um respeitado educador alemão, Kollreutter, que reside no Brasil há mais de trinta anos e foi responsável pela formação de inúmeros músicos e educadores musicais brasileiros.

crianças devem tocar juntas. Na parte B uma criança deve tocar um solo, isto é, tocar sozinha, inventando o ritmo que quiser. Em seguida, todo o grupo toca novamente a parte A. Na parte C, será a vez da criança ao lado, seguindo para a parte A, em que toca todo o grupo. Segue-se dessa forma até todas as crianças inventarem o seu ritmo.

Rondó: A B A C A D A E .... A

- Cante "Roda, pião" e peça para as crianças baterem palmas, acompanhando essa canção. Observe o que elas fazem naturalmente. A maioria das crianças bate palmas na pulsação da música. Às vezes, batem no ritmo da canção, em alguns trechos. Se entre elas alguma bater palmas no ritmo no trecho que cantamos "roda, pião", aproveite e peça para a criança repetir esse trecho. No entanto, se nenhuma criança o fizer naturalmente, você pode propor esse "jeito de bater palmas".

- Trabalhe a imitação desse ritmo. Cante e bata palmas somente no "roda, pião", no ritmo da melodia, isto é, como você canta, e não na pulsação.

- Se você tiver instrumentos musicais de percussão à sua disposição, distribua entre as crianças e repita a proposta anterior, tocando somente no "roda, pião".

- Retome o rondó rítmico, agora utilizando como parte A o motivo rítmico do "roda, pião" (roda, pião, bambeia, pião).

- Você pode finalizar o trabalho organizando um pequeno conjunto com instrumentos de percussão, alternando pulsação e motivo rítmico e dividindo a turma em dois grupos, de acordo com esses dois elementos rítmicos.

⇨ O que desenvolvemos com esta atividade?

Concentração – Atenção – Reflexo – Coordenação motora – Percepção e execução rítmica – Criatividade – Noção de conjunto

FAZER MUSICAL – MÓDULO III: TOCAR

O fascínio que as crianças sentem pelos instrumentos musicais é sempre tão grande que qualquer proposta deste módulo, a princípio, seria apreciada por todas elas. Por outro lado, a excitação e a expectativa das crianças também são tão grandes que requerem do professor um cuidado especial no planejamento dessas atividades.

O objetivo deste módulo é proporcionar diversas situações nas quais as crianças façam música tocando, seja com instrumentos musicais convencionais, confeccionados por elas próprias, com objetos sonoros ou mesmo com diferentes partes do corpo. E que esse fazer musical possa ser através de imitação, interpretação, improvisação ou mesmo composição.

Para desenvolver um trabalho com o foco no TOCAR, faz-se necessário considerar algumas etapas. A primeira delas é o manuseio e a exploração sonora dos instrumentos e/ou objetos. É importante que a criança possa explorar as diferentes possibilidades sonoras dos instrumentos antes de o professor propor um pequeno conjunto, uma sonorização ou mesmo um simples acompanhamento rítmico de uma canção. Através dessa experimentação é que a criança percebe as diferentes características dos instrumentos musicais ou objetos e suas possibilidades sonoras.

Percebe-se que nessa primeira etapa as atividades de TOCAR e de PERCEPÇÃO DO SOM se entrelaçam, se mesclam, são similares. É bom lembrar que essa divisão adotada aqui é uma forma de organizar os conteúdos e atividades, mas muitas vezes as propostas misturam os módulos ou simplesmente possuem possibilidades musicais dos três módulos em questão. As atividades foram agrupadas pelo primeiro enfoque, mas todos os outros estão presentes.

A segunda etapa do processo é definir o objetivo musical a ser alcançado, que depende de muitos fatores, como número de alunos, dinâmica do grupo, momento específico do planejamento do professor e outros mais. Como ilustração, exemplificaremos com algumas possibilidades:

- Se o objetivo for uma sonorização, alguns passos podem ser seguidos:

    ✓ Analisar a história, poesia ou canção, observando os momentos mais sonoros.
    ✓ Realizar vocalmente as passagens selecionadas.

- ✓ Pesquisar os timbres e efeitos sonoros desejados nos instrumentos e/ou objetos disponíveis.
- ✓ Organizar o material separado para cada momento da história e o que cada criança tocará.
- ✓ Realizar a sonorização e gravar.
- ✓ Ouvir a gravação e perceber os momentos satisfatórios e os insatisfatórios que precisam de aperfeiçoamento.
- ✓ Ensaiar e regravar.

- Se o objetivo for formar um pequeno conjunto com instrumentos de percussão para acompanhar ritmicamente as canções do repertório do grupo, é importante que o professor já tenha trabalhado as noções de pulso, tempo forte do compasso e ritmo da melodia, através de atividades de percepção. A partir daí, criar o arranjo utilizando essas noções na execução dos diversos instrumentos.

- Atividades de improvisação instrumental também podem ser realizadas a partir de pequenos roteiros e/ou dos parâmetros musicais; por exemplo, som e silêncio, graduações de intensidade, contrastes de altura etc.

O professor pode reger essas improvisações ou elaborar coletivamente um roteiro com o grupo.

- Atividades com as notas musicais nos xilofones podem ser desenvolvidas com as crianças a partir dos seis anos, organizando pequenos conjuntos com canções com o nome das notas.

Existem muitas possibilidades musicais para tocar. O importante é que esses encontros entre os instrumentos/objetos e as crianças, para fazer música, sejam significativos e a música realmente aconteça.

1. TOCANDO EM GRUPO – 1

Este texto inicia o bloco Tocando em Grupo, no qual a principal reflexão proposta é a importância, para o desenvolvimento musical da criança, desta experiência: a participação em um conjunto musical.

Tocar com outras pessoas é uma das práticas mais importantes da linguagem musical. Em música, quando conseguimos ouvir o que o outro está tocando, ampliamos a nossa percepção e, consequentemente, percebemos melhor o que nós mesmos estamos tocando, melhorando a nossa execução. Em paralelo à importância de se tocar em conjunto para o desenvolvimento musical, essa prática se reflete também diretamente na experiência emocional e social da criança em relação a atenção, concentração, sociabilização e mesmo a disciplina.

Ao longo de um processo de musicalização, é desejável que os conteúdos musicais desenvolvidos em atividades específicas de percepção estejam presentes em atividades expressivas, nas quais a criança faça música, seja cantando ou tocando, improvisando, compondo ou reproduzindo, por imitação ou leitura.

Anos atrás, em grande parte das escolas, era frequente a existência da bandinha rítmica, um conjunto com vários instrumentos de percussão, que tocava, geralmente, arranjos de música folclórica. A ideia desses conjuntos era boa, mas, na prática, restringiu-se a um trabalho limitado, em que a criança apenas repetia o que o professor lhe ensinava sem a menor consciência do que fazia, sem ouvir o que tocava e muito menos a banda como um todo.

A proposta deste bloco é apresentar algumas possibilidades de arranjos para pequenos conjuntos musicais, utilizando instrumentos de percussão. A imitação, nesses conjuntos, pode ser um recurso utilizado, através de um trabalho de percepção e conhecimento, mas não como uma mera repetição mecânica.

Existem várias possibilidades de repertório para esses conjuntos. Neste texto enfocaremos a canção e as parlendas, utilizando arranjos simples baseados nos principais elementos rítmicos. Os instrumentos escolhidos são os de percussão, por fazerem parte de um instrumental mais acessível e de fácil manuseio.

A realização de um pequeno conjunto musical é mais apropriada às crianças acima de seis anos, pois exige coordenação motora e algumas noções musicais e de convivência em grupo que as crianças menores ainda não possuem.

Como ponto de partida para o desenvolvimento deste trabalho, iniciaremos com a sugestão de uma parlenda. É muito rica a utilização das parlendas no aprendizado musical, e elas têm uma receptividade muito grande por parte das crianças.

Atividade

- Faça um levantamento, entre as crianças, das parlendas que conhecem. Eleja as mais conhecidas, escreva-as e brinque com elas.

- Escolha uma delas para iniciar o trabalho musical. Como exemplo, escolheremos "Corre, cotia".

- Brinque com as crianças algumas vezes.

- Proponha que cada criança faça um desenho inspirado nessa brincadeira.

- Faça um cartaz com o texto e proponha que as crianças o ilustrem.

- Em roda, fale "Corre, cotia" batendo palmas. Repita mudando o gesto; por exemplo: mãos nas pernas, mãos no chão, batendo os pés. Você pode propor que uma criança seja o "mestre" para conduzir a forma de "acompanhar" a parlenda, e todo o grupo terá que imitar o seu gesto.

- Chame a atenção das crianças para a forma como batemos palmas, acompanhando a parlenda: *naturalmente marcamos a pulsação, isto é, os "passos", como se estivéssemos andando.*

- Proponha às crianças que acompanhem a parlenda de outra forma, batendo palmas como falamos, isto é, junto com os movimentos de nossa boca (uma palma para cada sílaba). Nomeie para as crianças esse jeito de acompanhar a música, isto é, acompanhar marcando o ritmo da melodia. Nesse caso, o ritmo da fala. Volte novamente para a pulsação e depois faça a comparação com o ritmo. Evidencie as diferenças, ressaltando também as características de cada elemento. Proponha que as próprias crianças definam esses dois conceitos. Como exemplo, a definição dada por uma criança de sete anos de uma escola municipal: "A pulsação não para e é sempre igual, parece um relógio; quando a gente toca o ritmo, tem horas que o som é curtinho e horas que é comprido, mas não muito comprido".

- Realize novamente os dois exercícios anteriores com instrumentos de percussão (coco, pau de rumba, caxixi, tambor, por exemplo). Fale os versos de "Corre, cotia" e toque na pulsação; repita, mas toque no ritmo. Busque precisão nesse acompanhamento, propondo que cada criança observe se o seu instrumento está soando junto com todo o grupo. Evidencie esse aspecto às crianças e, se preciso, grave, ouça e comente.

- O próximo elemento musical a ser ressaltado será o apoio da pulsação (ou apoio métrico, ou tempo forte do compasso). Realize a seguinte brincadeira com as crianças:

  - ✓ Fale a parlenda, marcando a pulsação no tambor, ao mesmo tempo que as crianças devem andar pela sala. Chame a atenção para a sincronia entre a pulsação e o passo de cada um.
  - ✓ Pare de tocar em diferentes momentos, e as crianças também deverão parar o movimento (brincadeira de estátua).
  - ✓ Repita o exercício avisando às crianças que em certo momento você mudará o "jeito" de tocar o tambor e que elas deverão mudar o "jeito" de andar. Comece marcando a pulsação e em algum verso passe a marcar apenas o apoio. Chame a atenção das crianças, novamente, para a nova sincronia entre passo e som do tambor.

- ✓ A nova ordem será: quando o tambor marcar o apoio, todos devem ficar parados fazendo algum gesto (abrir os braços, agachar-se, bater a mão na cabeça) e, quando o tambor marcar a pulsação, todos devem voltar a andar.

- Depois de realizada essa brincadeira, em roda, trabalhe a percepção e a consciência destes três elementos: pulsação, apoio da pulsação e ritmo. A nossa sugestão é que você, primeiro, fixe bem apoio e pulsação (faça com que as crianças percebam que o apoio é a pulsação da sílaba mais forte da parlenda e que se repete a cada duas pulsações, compasso binário – nesta parlenda especificamente) e depois acrescente o ritmo. Em outro momento, retome esses elementos com atividades que utilizem os instrumentos de percussão.

- Realize um jogo: cada criança com um instrumento na mão, falando a parlenda e acompanhando na pulsação. A cada ordem do professor, ela deve mudar o seu acompanhamento. O professor alternará as ordens entre pulsação, apoio e ritmo da fala.

- Depois de várias atividades com esses três elementos, a montagem do arranjo pode começar.

Escolha dois instrumentos para cada elemento rítmico. Por exemplo:

- ✓ tempo forte – triângulo e guizo
- ✓ pulso – pau de rumba e *woodblock*
- ✓ ritmo – caxixi e afoxé

- Se você tiver à sua disposição o instrumental Orff (xilofones e metalofones), poderá utilizá-lo dobrando cada grupo. Por exemplo:

  - ✓ tempo forte – xilofone baixo
  - ✓ pulso – xilofone contralto
  - ✓ ritmo – xilofone soprano

- Outra possibilidade é cantar essa parlenda em terça menor, utilizando duas placas do xilofone. Por exemplo: ré e si, dó e lá, sol e mi ou fá e ré[51].

  - ✓ xilofone baixo – dó
  - ✓ xilofone contralto – dó sol
  - ✓ xilofone soprano – sol e mi

---

51 O intervalo de terça menor mais apropriado à tessitura das crianças deve ser o mais agudo, pois não devemos reforçar a tendência cultural que temos de cantar muito grave com as crianças. Nesses exemplos citados seria aconselhável sol – mi.

⇨ O que desenvolvemos com esta atividade?

Coordenação motora – Noção dos aspectos rítmicos: pulsação, ritmo e compasso – Memória musical – Desenvolvimento da percepção auditiva – Noção de conjunto – Sociabilização – Concentração – Atenção

2. TOCANDO EM GRUPO – 2

A montagem de um conjunto instrumental é uma das atividades frequentes de um processo de musicalização sempre muito apreciada pelas crianças, pois tocar exerce um grande fascínio sobre elas. O instrumental de percussão, também muito comum nos trabalhos de educação musical, é muito adequado à montagem desses pequenos conjuntos instrumentais.

Como em qualquer trabalho de educação musical, o planejamento de atividades de formação musical deve acontecer paralelamente às execuções musicais do conjunto. É nesse contexto musical que atividades de exploração sonora dos instrumentos devem preceder a execução dos arranjos, garantindo o conhecimento, por parte da criança, do nome, da forma visual e do timbre de cada instrumento utilizado no conjunto.

A escolha dos instrumentos para o conjunto e a determinação de qual instrumento cada criança tocará exigem um cuidado especial do professor. É importante que a criança, ao longo do processo de trabalho, tenha a possibilidade de tocar todos os instrumentos em diferentes situações musicais. Sem dúvida, a partir do conhecimento das dificuldades de cada aluno, o professor pode orientar a escolha do instrumento de acordo com cada música a ser realizada, permitindo um rodízio dos instrumentos e garantindo uma boa realização musical.

Se o professor pretende que os alunos sejam coautores no processo de construção do conhecimento musical do grupo, é importante que ele esteja atento à execução dos arranjos, para que eles não se transformem em meras reproduções mecânicas, sem expressividade alguma.

A escolha dos instrumentos para cada arranjo pode se transformar em uma produtiva atividade musical para o grupo. Uma das possibilidades é que tanto a escolha como o próprio arranjo sejam realizados pelas crianças e que o professor oriente e conduza as ideias do grupo e da própria execução musical.

A atividade que propomos a seguir parte de uma brincadeira de pular corda. Uma brincadeira simples, mas que muitas crianças, atualmente, não aprenderam. Infelizmente, temos observado que o número de crianças que não sabem pular corda vem crescendo. Essa atividade é importantíssima para o desenvolvimento motor e rítmico da criança. Portanto, é interessante que o professor proponha esta atividade e observe a relação entre a habilidade do aluno nessa brincadeira e sua performance rítmica.

Atividade

REI, CAPITÃO

Rei, capitão,
soldado, ladrão,
moço bonito do meu coração.

- Proponha uma brincadeira às crianças: pular corda. Se necessário, repita a brincadeira até que todos do grupo consigam pular, pelo menos da forma mais básica. Existem muitas variantes: entradas, saídas, foguinho, rodando, de costas, em duplas, cruzando e tantas mais.

- Proponha as várias parlendas que se recitam ao pular corda; por exemplo: "Rei, capitão", "Abecedário", "Qual é a letra?" e outras.

- Em sala, proponha que as crianças marchem falando a parlenda "Rei, capitão". Você pode variar esse exercício indicando movimentos enquanto as crianças marcham; por exemplo: para a frente, para trás, de lado, na ponta dos pés, com os joelhos dobrados. Se necessário, o professor pode marcar a pulsação em um tambor, enquanto as crianças andam.

- Em roda, repita a parlenda batendo palmas. É interessante chamar a atenção das crianças para essa forma de acompanhamento, nomeando-a: pulso ou pulsação.

- Chame a atenção das crianças para as sílabas que falamos mais forte, com mais apoio. Proponha que as crianças diferenciem essa sílaba batendo palmas e estralando os dedos nas outras pulsações. Outro exemplo pode ser: palmas na pulsação apoiada e mão na perna nas pulsações sem apoio. Faça com que as crianças percebam a regularidade desse apoio e nomeie "tempo forte do compasso" e, nesse caso, "compasso binário".

- Para evidenciar o outro elemento, o ritmo da melodia, que no caso da parlenda seria o ritmo da fala, você pode propor uma brincadeira:

    ✓ Fale a parlenda marcando o ritmo com palmas.
    ✓ Repita com todo o grupo.
    ✓ Bata o ritmo da parlenda, mas apenas sussurre os versos.
    ✓ Bata o ritmo novamente, mas não fale a parlenda, apenas mentalize as palavras enquanto bate o ritmo. Peça que as crianças façam o mesmo.

- ✓ Repita o item anterior, mas pare no meio da frase, e as crianças terão que descobrir em qual palavra você parou.
- ✓ Proponha a uma das crianças que faça o mesmo para o grupo adivinhar e assim por diante.

• Depois destes exercícios para desenvolver a percepção e a consciência destes três elementos (pulso, tempo forte do compasso e ritmo), podemos partir para a formação do conjunto. Nesta atividade propomos que o professor determine os instrumentos e o arranjo, trabalhando por imitação. Outra possibilidade, com grupos de crianças que não leem música, é trabalhar com registros gráficos montados junto com eles. Como ilustração, apresentaremos uma possibilidade de o professor trabalhar o que cada instrumento vai tocar com o grupo todo, exemplificando com o triângulo:

- ✓ Peça às crianças para baterem palmas na pulsação da parlenda e toque o triângulo sempre no primeiro tempo do compasso.
- ✓ Peça para as crianças sugerirem um símbolo para registrarmos a pulsação. Pode ser um risco vertical, um X, um círculo etc.
- ✓ Coloque na lousa o número de pulsações

que batemos quando falamos a parlenda, usando o símbolo escolhido.
- ✓ Toque o triângulo e peça para uma criança ir apontando cada pulsação.
- ✓ Desenhe um triângulo somente em cima das pulsações correspondentes.
- ✓ Distribua triângulos para todo o grupo e toque a linha do triângulo falando a parlenda.

Por exemplo:

Símbolo para a pulsação escolhido pelo grupo: O

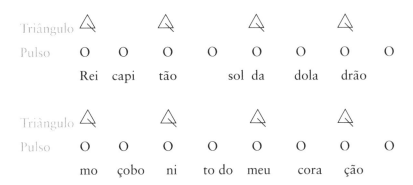

- Repita esse procedimento com cada instrumento. Dessa forma todas as crianças saberão tocar todos os instrumentos, e o professor poderá realizar um rodízio até identificar a formação mais adequada para essa atividade.

⇨ O que desenvolvemos com esta atividade?

Atenção – Concentração – Coordenação motora – Reflexo – Noção de pulso, compasso e ritmo – Imitação rítmica – Memória musical – Noção de conjunto – Registros gráficos

3. TOCANDO EM GRUPO – 3

Fazer música em grupo, seja tocando ou cantando, amplia a nossa percepção e o nosso conhecimento musical. A percepção, porque precisamos ouvir a nós mesmos, o outro e o conjunto; o conhecimento musical, porque, quando tocamos ou cantamos em grupo, muitas vezes entramos em contato com as diversas possibilidades de arranjos musicais.

As opções de arranjos musicais estão relacionadas aos instrumentos que fazem parte dos conjuntos, à forma musical da peça e à concepção musical com que se quer "vestir" a música. Por isso é que podemos ouvir uma mesma música cantada e/ou tocada por diversos grupos e que soa totalmente diferente em cada um deles.

No contexto da educação musical, nas escolas de ensino fundamental, onde as classes são mais numerosas e muitas vezes o instrumental encontrado é apenas de percussão, uma possibilidade para os arranjos desses pequenos conjuntos musicais é considerar somente o aspecto rítmico, deixando o aspecto melódico apenas para o canto. Caso o professor tenha à sua disposição instrumentos melódicos, como xilofones e metalofones, ou mesmo crianças que toquem flauta doce, piano ou outro instrumento melódico, ampliam-se as possibilidades do conjunto e pode-se incluir a melodia tocada por esses instrumentos e não somente cantada.

Nesses arranjos com instrumentos de percussão não melódicos pode-se utilizar elementos rítmicos desenvolvidos em atividades anteriores, distribuindo-os entre os instrumentos disponíveis: ritmo, pulso e apoio métrico (tempo forte do compasso), e mesmo alternando as pulsações entre determinados instrumentos. É importante que o professor alterne momentos de execução por imitação e momentos de criação, em que as próprias crianças, com o professor, experimentam as diversas possibilidades e criam o arranjo coletivamente.

O imprescindível, seja no trabalho de imitação ou criação, é enfatizar o aspecto musical das execuções, chamando a atenção das crianças para o som do conjunto.

Nunca é demais lembrar que tocar muito forte, sem ouvir o conjunto, pode comprometer o resultado sonoro. Desde o início é importante que o professor reja indicando a dinâmica, com suas sutilezas, seus contrastes, suas graduações de intensidade – do pianíssimo ao fortíssimo e vice-versa. Também cabe ao professor, gradualmente, exigir a precisão rítmica, evidenciando os silêncios, os cortes, a exatidão das entradas e das terminações. Dessa forma a criança, aos poucos, vai se apropriando da linguagem musical, aguçando sua percepção auditiva e criando um "ouvido exigente", isto é, desenvolvendo um "ouvido" que percebe as sutilezas de uma boa execução musical.

Atividade

CAI, CAI, BALÃO

Cai, cai, balão! Cai, cai, balão!
Aqui na minha mão.
Não cai, não! Não cai, não! Não cai, não!
Cai na rua do sabão!

- Cante a canção, fazendo com que as crianças percebam o fraseado.

- Divida a turma em grupos e cante de outra maneira, em que cada frase ou parte dela (pergunta-resposta/antecedente-consequente) seja cantada por um grupo. Por exemplo:

Cai, cai, balão! Cai, cai, balão! – grupo 1
Aqui na minha mão. – grupo 2
Não cai, não! – grupo 1
Não cai, não! – grupo 2

Não cai, não! – grupo 1
Cai na rua do sabão! – os dois grupos

Ou

Cai, cai, balão! – grupo 1
Cai, cai, balão! – grupo 2
Aqui na minha mão. – grupo 3
Não cai, não! – grupo 1
Não cai, não! – grupo 2
Não cai, não! – grupo 3
Cai na rua do sabão! – os três grupos

Realize algumas atividades que desenvolvam a consciência da pulsação, do apoio métrico e do ritmo dessa canção.

Distribua os instrumentos e inicie a memorização de cada parte. Nossa sugestão é que todas as crianças aprendam a tocar todos os instrumentos e, posteriormente, você determine o instrumento que cada uma vai tocar.

A seguir, sugerimos um arranjo simples para essa canção. Execute esse arranjo com seu grupo.

Arranjo para a canção "Cai, cai, balão"

- Voz ou algum instrumento melódico (flauta doce, piano, xilofone etc.) – melodia
- Instrumentos de percussão:
    - ✓ Coco ou clavas – ritmo (alternado com o pandeiro)
    - ✓ Pandeiro – ritmo (alternado com coco ou clavas)
    - ✓ Triângulo – pulsação apoiada (tempo forte do compasso)
    - ✓ Tambor – pulsação

Cai, **cai**, balão. Cai, **cai**, balão! – Coco ou clavas
Aqui na minha **mã**o – Pandeiro
Não cai, **não**! – Coco ou clavas
Não cai, não! – Pandeiro
Não cai, **não**! – Coco ou clavas
Cai na **ru**a do sa**bã**o – Coco ou clavas e pandeiro

As palavras em **negrito** representam o tempo forte do compasso quaternário – triângulo.

- Crie outro arranjo com seu grupo. Vocês podem escolher essa mesma canção ou outra do seu repertório.

    - ✓ Pense nos instrumentos que vocês têm à disposição. Caso não os tenham, pense em usar percussão corporal.

- ✓ Pesquisem nos instrumentos/partes do corpo que combinam mais com o timbre de cada um: a pulsação, a pulsação apoiada, o ritmo da melodia ou um motivo rítmico que aparece só em alguns momentos que vocês querem evidenciar.
- ✓ Selecionados os instrumentos e o que cada um vai tocar, planejem a forma do arranjo, isto é, quem começa tocando, ou se o canto começa sozinho, todos começam juntos, um a um vão entrando; enfim, existem inúmeras possibilidades. Experimentem. Depois, escolham e organizem um roteiro com a definição do arranjo.
- ✓ Toquem e cantem.
- ✓ Gravem e ouçam.
- ✓ Observem a dinâmica, isto é, as intensidades, os crescendos e decrescendos, as entonações, os cortes, se estão todos juntos, os silêncios, as entradas, se está afinado, enfim, se está musical e o que é preciso aperfeiçoar.
- ✓ Toquem, cantem, façam música!

⇨ O que desenvolvemos com esta atividade?

Atenção – Concentração – Percepção do fraseado da canção – Memória musical – Percepção e consciência dos aspectos rítmicos – Noção de conjunto – Criatividade

4. CONSTRUINDO INSTRUMENTOS MUSICAIS – 1

A construção de instrumentos musicais com sucata tem sido utilizada por muitos educadores como uma das diversas atividades no processo de musicalização das crianças.

São vários os objetivos que contemplam esse tipo de atividade na educação musical:

- ✓ Estimular a curiosidade natural das crianças.
- ✓ Despertar o interesse pelas "pesquisas sonoras" dos diversos materiais.
- ✓ Propiciar a descoberta dos princípios da acústica.
- ✓ Relacionar os princípios acústicos com os elementos fundamentais do som.
- ✓ Auxiliar no entendimento do funcionamento dos instrumentos musicais convencionais.
- ✓ Incitar a imaginação e a criatividade na construção dos instrumentos.
- ✓ Fazer música com eles, isto é, finalizar o processo utilizando os instrumentos confeccionados em um contexto musical.

Na atualidade, construir instrumentos adquire, ainda, outro significado para essas crianças que não estão mais acostumadas a criar seus próprios brinquedos, como era comum não mais que quatro a cinco décadas atrás. Reiterando, cito Teca Alencar de Brito: "...numa época em que fazer se torna atividade distante das crianças, que normalmente encontram prontos os produtos que utilizam em seu dia a dia, sejam brinquedos, instrumentos musicais ou aparelhos eletrodomésticos, a possibilidade de confeccionar instrumentos artesanalmente assume especial importância"[52]. A autora destaca também, como uma possível conexão, a relação com a própria história dos instrumentos musicais, sua função nas diversas épocas e lugares, nas diferentes culturas. E aponta estratégias possíveis: "Para tanto, é importante mostrar livros sobre o tema, instrumentos étnicos, regionais, escutar gravações diversas e, se possível, entrar em contato com instrumentistas, com artesãos e *luthiers* da comunidade"[53].

Organizamos um bloco de seis textos com propostas de construção de instrumentos. Neste texto, abordaremos a primeira fase desse trabalho, que tem como enfoque principal a observação do fenômeno sonoro e como é produzido: a vibração e o som.

---

[52] Brito, Teca A. de. *Música na Educação Infantil*, São Paulo: Petrópolis, 2003.
[53] Idem.

O ponto de partida será a observação e a pesquisa dos sons do próprio corpo e, em um segundo momento, dos sons produzidos por objetos do cotidiano.

Naturalmente, a criança sente prazer em descobrir o funcionamento e o mecanismo dos objetos que a rodeiam. É comum nos defrontarmos com uma criança abrindo e até destruindo um brinquedo para descobrir como funciona. A curiosidade necessária às experiências científicas faz parte da natureza da criança. Para o desenvolvimento do trabalho proposto neste bloco, é imprescindível que o professor estimule essa postura de "cientista", a qual já encontramos espontaneamente nas crianças saudáveis.

Atividade

- Faça uma roda com as crianças e proponha que façam sons com a boca. Você pode simplesmente propor ou aproveitar um momento em que isso aconteça espontaneamente para desenvolver essa atividade. Por exemplo: *Ouçam que som o João está fazendo! Vamos imitá-lo! Quem sabe fazer um som diferente deste? Quantos sons diferentes podemos conseguir usando apenas nossa boca?*

- Após esse momento de pesquisa, faça um levantamento dos sons feitos pelo grupo. Faça uma lista desses sons.

- Grave uma sequência com esses sons e coloque a gravação para ser ouvida pelas crianças. Proponha que identifiquem os sons gravados.

- Você pode realizar um jogo de identificação confeccionando com as crianças cartelas com o desenho de cada som. Ao ouvir o som, a criança tem que identificá-lo e pegar a cartela correspondente. A criança que conseguir pegar mais cartelas ganhará o jogo. Se não quiser propor a atividade em forma de jogo, simplesmente coloque as cartelas no meio da roda para as crianças apontarem a correspondente. Se seu grupo tiver muitas crianças, uma boa solução é colar as cartelas em vários lugares da sala; ao ouvir o som, as crianças deverão correr até o lugar onde se encontra a cartela correspondente.

- Faça uma roda com as crianças e retome os sons produzidos.

- Selecione, entre esses sons, alguns cuja vibração pode ser sentida mais intensamente e peça às crianças que os realizem.

- Proponha que observem o que acontece em nosso rosto e em nossa garganta enquanto realizamos esses sons. Por exemplo: imitando uma moto, perceba qual sensação você sente em seus lábios e ao redor de sua boca; cantarolando com os lábios fechados, coloque a mão em seu pescoço e sinta o que acontece.

Diga às crianças o nome dessas "cócegas" que sentem nos lábios ou desse "tremor" no pescoço: vibração.

- Realize essa mesma experiência sentindo a vibração do som em outros objetos:
    - ✓ Apoie metade de uma régua numa mesa, pressione a outra metade (a que está fora da mesa) para baixo e solte-a. Ouça o som e observe o movimento da régua.
    - ✓ Pegue uma chapa de pulmão e a balance, observando o som e o movimento produzidos.
    - ✓ Pegue uma bandeja de inox, segure em uma das pontas e bata com uma colher bem no meio dela. Peça para as crianças colocarem, levemente, os dedos na superfície da bandeja e observarem a sensação produzida nos dedos.
    - ✓ Bata duas tampas de panela uma contra a outra. Repita a experiência anterior com a bandeja e descrevam a sensação em seus dedos.
    - ✓ Toque em uma das cordas de um violão e observem o movimento da corda e a sensação ao colocarem os dedos levemente sobre ela.

- Em uma roda de conversa, organize as diversas impressões e sensações das experiências anteriores, concluindo essa etapa sobre a vibração de diversos corpos produzindo sons.

   "Todo som é produzido por algum corpo
   em movimento.
   Esse movimento de ir e vir, lento ou rápido,
   é o que chamamos de vibração."

   ⇨ O que desenvolvemos com esta atividade?

Curiosidade – Atenção – Concentração – Espírito científico – Criatividade – Memória auditiva – Percepção de timbres diferentes – Conceito de som e vibração

5. CONSTRUINDO INSTRUMENTOS MUSICAIS – 2

A primeira etapa do trabalho de construção de instrumentos teve como objetivo despertar a atenção das crianças para o som e para a maneira como ele é produzido.

A partir da observação em seu próprio corpo e nos objetos do cotidiano, a criança entrou em contato com o seguinte princípio acústico: o som é resultado de movimentos vibratórios, isto é, uma movimentação para a frente e para trás no aspecto de um fuso, produzidos por um corpo.

O tema da segunda etapa será a propagação do som. Para isso, é importante que alguns conceitos acústicos estejam claros e definidos para o próprio professor.

O som é uma forma de energia, como a luz ou o calor. É vibração de moléculas. Quando um corpo vibra faz com que as moléculas do ar vibrem também, provocando vibrações em cadeia. A vibração desse corpo provoca alterações de pressão do ar ao seu redor, compressões e rarefações; esses movimentos vão se propagando na forma que chamamos de ondas.

Onda é uma perturbação produzida em algum meio. O som é uma onda que não se propaga no vácuo, somente nos meios sólidos, líquidos e gasosos.

As atividades propostas a seguir são experiências que têm como objetivo fazer com que a criança perceba os conceitos expostos acima.

Atividade

"Vendo" a vibração

- Coloque grãos de arroz em cima da pele de um tambor. Com uma baqueta, toque nessa pele. Observe a vibração da pele do tambor através do movimento dos grãos de arroz.

- Pegue um diapasão de garfo, bata em uma de suas extremidades e o mergulhe em um copo com água. É difícil ver as vibrações do diapasão, mas, quando o colocamos na água, as vibrações agitam a água e podemos ver o que acontece.

Ouvindo os sons através de diferentes meios

- Em uma sala de assoalho de madeira, posicionem-se em um canto e peça para uma criança posicionar-se sozinha no canto oposto, batendo levemente os dedos no chão. Ouçam o som produzido por ela. Peça para a criança repetir o som e coloquem os ouvidos no chão. Ouçam novamente e observem o que aconteceu.

- Faça uma roda com as crianças e coloque um relógio de pulso (de corda) no centro. Façam silêncio absoluto e tentem ouvir o tique-taque do relógio. Comente com as crianças a intensidade desse som e a relação da distância entre o relógio e nossos ouvidos.

- Com muito cuidado, encoste um cabo de vassoura num relógio de pulso e, na outra extremidade do cabo, encoste o seu ouvido. *O que acontece? Esse som ficou mais forte ou mais fraco que aquele que ouvimos quando o relógio se encontrava no meio da roda?*

Faça outra experiência, confeccionando um estetoscópio:

- ✓ Pegue uma mangueira de plástico fina e prenda, com fita crepe, um funil em cada extremidade.
- ✓ Coloque um dos funis em seu ouvido e o outro no relógio.
- ✓ Ouça e observe o que aconteceu.
- ✓ Comente com as crianças o que observaram.

Faça um "telefone sem fio":

- ✓ Separe dois copos de plástico e faça um pequeno furo no fundo de cada um.
- ✓ Passe um barbante pelo buraco e prenda cada ponta em um botão.
- ✓ Brinquem com ele, observando o que acontece se esticar bem o barbante, se deixá-lo frouxo, se uma das crianças ficar atrás de uma parede.
- ✓ Comentem o que observaram.

Para realizar outra experiência, faça um pequeno tambor de cartolina.

- ✓ Pegue uma folha de cartolina, enrole na forma de tubo e prenda com fita crepe.
- ✓ Recorte um círculo em uma folha plástica e prenda bem esticado em uma das extremidades do tubo de cartolina, usando fita adesiva.
- ✓ Recorte um círculo em uma folha de cartolina, faça um furo no meio e prenda na outra extremidade do tubo.
- ✓ Pegue papel crepom, corte uma tira grossa e faça uma franja em uma de suas pontas.
- ✓ Toque na membrana do tambor de cartolina e peça para uma criança segurar a franja de papel crepom bem perto do buraco da outra extremidade do tambor de cartolina.
- ✓ Observem o que acontece com a franja.

- ✓ Comente o processo que faz com que a franja se movimente, isto é, a vibração da membrana do tambor e a vibração do ar contido no tubo, que sai pela outra extremidade do tambor, causando o movimento da franja.

- Converse com as crianças sobre todas essas experiências, colocando em evidência o fenômeno da propagação do som através dos diferentes meios.

⇨ O que desenvolvemos com esta atividade?

Atenção – Concentração – Curiosidade científica – Percepção da intensidade do som – Conceito de propagação do som

Para ilustrar esta etapa de experiências com som, sugerimos alguns livros interessantes que abordam os aspectos desenvolvidos nestes dois primeiros textos, inclusive com muitas das experiências mencionadas:

Coleção Experiências / *Brincando com Sons* – Gary Gibson – Ed. Callis

Coleção Vamos Explorar Ciências / *Som & Música* – David Evans e Claudette Williams – Ed. Ática

Coleção O Corpo Humano / *O Ouvido e a Audição* – Steve Parker – Ed. Scipione

Os Gatos Pelados / *Viva a Música!* – Tradução: José Amaro – Ed. Companhia das Letrinhas

6. CONSTRUINDO INSTRUMENTOS MUSICAIS – 3

A meta das primeiras etapas foi proporcionar às crianças situações que possibilitassem a observação do fenômeno sonoro, a vibração e a propagação do som no nosso corpo e nos objetos do cotidiano.

Neste texto, a proposta é proporcionar situações nas quais as crianças possam observar as diferentes maneiras como o som é produzido nos instrumentos musicais e quais as relações com os materiais, formas e tamanhos.

De acordo com a maneira como o som é produzido nos instrumentos musicais, estes são classificados em: idiofones, aerofones, cordofones e membranofones.

- ✓ *Idiofones* são os instrumentos cujo som é produzido pelo próprio corpo por meio de gestos, como *percutir, raspar e chacoalhar*. Por exemplo: reco-reco, ganzá, caxixi, triângulo, pau de rumba, xilofone.
- ✓ *Membranofones* são instrumentos cujo som é produzido pela vibração de uma membrana (pele de animal, náilon, acetato) esticada sobre uma caixa de ressonância. Esses ins-

trumentos são todos os da família dos tambores. Por exemplo: tamborim, pandeiro, atabaque, caixa, surdo.
- ✓ *Cordofones* são instrumentos cujo som é produzido pela vibração de cordas esticadas sobre uma caixa de ressonância, podendo essas cordas ser percutidas, dedilhadas ou raspadas. Por exemplo: cavaquinho, violão, violino, violoncelo, piano.
- ✓ *Aerofones* são instrumentos cujo som é produzido pelo ar; são os que chamamos de instrumentos de sopro. Por exemplo: flauta doce, flauta transversal, clarinete, órgão de tubo etc. Os pios de pássaros, a flauta de êmbolo e os apitos em geral também se encontram nessa categoria.

É muito interessante trabalhar essa classificação com as crianças nesse processo de construção de instrumentos musicais. O professor deve conduzir as atividades, proporcionando às crianças situações para que vivenciem os fenômenos da acústica e, por consequência, os parâmetros do som (timbre, intensidade, altura e duração) e reflitam sobre eles.

É importante que o professor esteja atento e preparado para estimular a observação e a pesquisa, conduzindo a criança a descobrir por si só as relações com os parâmetros; por exemplo: a relação entre o tamanho e a espessura da corda e a altura do som (grave/agudo) e a relação entre o material utilizado na construção do instrumento e as diferenças de timbre.

Os idiofones são os instrumentos mais simples de construir e mesmo de tocar, pois o som é produzido por gestos simples, como sacudir, percutir, raspar e bater. Mas é importante que as crianças passem pela experiência de confeccionar os mais complexos também e inventem possíveis mesclas de acordo com sua imaginação.

O professor deve incentivar a criança a construir instrumentos para que ela entre em contato com a forma de produção do som, com os princípios acústicos de cada família e com a percepção dos parâmetros do som em cada instrumento. E, mais do que tudo, para que faça música com o seu instrumento.

Atividade

Construindo idiofones

- Separe um caxixi, um ganzá e um maracá. Sentados em uma roda, passe um de cada vez para que cada criança possa tocá-lo.
- Nesse momento, não se esqueça de fazer comentários enfatizando as diferenças de som ocasionadas pela intensidade e os diversos timbres.

- Após essa exploração, faça um jogo de adivinhação com os três instrumentos.

- Converse com as crianças sobre as diferenças de timbre entre eles e as semelhanças na forma de tocá-los. Por exemplo: *Por que o som de cada instrumento é diferente? De que é feito cada um? O que eles têm de igual? O que nós precisamos fazer para ouvir o som desses instrumentos?*

- Se possível, faça com que as crianças verifiquem de que material é feito cada um desses instrumentos. Não necessariamente você precisa destruí-los, mas pode usar um que já esteja quebrado; muitas vezes, é possível abrir os ganzás e maracás e depois fechá-los. Compare as diferenças entre as sementes.

- Proponha às crianças a confecção de chocalhos com diferentes materiais. Separe potes de iogurte e de leite fermentado, garrafas de plástico, latas de refrigerante, caixinhas de papelão e caixinhas de madeira. Separe também diversos tipos de grão e pedrinhas de diferentes tamanhos. Você pode organizar essa atividade de diferentes maneiras:

    ✓ Os mesmos tipos de potes com grãos diferentes. Exemplos: todos os chocalhos de

potes de leite fermentado, cada um com um grão diferente (arroz, feijão, ervilha) ou pedrinhas, botões etc.
- ✓ Potes diferentes com o mesmo tipo de grão. Exemplo: colocar arroz em pote de leite fermentado, em lata de refrigerante, em garrafa plástica, em caixinha de papelão etc.
- ✓ Potes e grãos diferentes para cada chocalho. Exemplo: pote de iogurte com arroz, lata de refrigerante com palitos de dente quebrados, garrafa de plástico com pedrinhas etc.

- Após a confecção dos chocalhos, não se esqueça do acabamento, pintando ou colando diferentes papéis coloridos ou embrulhando com retalhos de pano; enfim, deixando cada um colocar sua marca individual no seu instrumento.

Chocalho de lâmpada: separe lâmpadas usadas e cole, em toda a sua superfície, tiras de jornal ou um papel fino, como papel crepom ou papel de seda. É importante colar muitas tiras, uma sobre a outra e várias vezes. Deixe secar e pinte com tinta. Após a tinta secar, você terá criado uma "casca" sobre a lâmpada. Quebre então a lâmpada, batendo-a sobre a mesa, e terá o seu chocalho pronto.

Chocalho de tampinhas: serre vários pedaços de cabo de vassoura, de mais ou menos 30 cm. Pinte-os de várias cores. Depois de secar, pregue várias tampinhas de metal ao longo de cada pedaço do cabo, não se esquecendo de deixar um pequeno pedaço para segurar o instrumento.

Chapéu de potes de leite fermentado: separe um chapéu de palha velho e vários potes de leite fermentado. Faça dois furos bem na boca de cada pote e passe um pedaço de linha pelos dois furos. Usando uma agulha grossa, prenda cada pote no chapéu de palha, formando um grande chocalho de potinhos. Esse mesmo processo pode ser repetido com uma peneira e outros objetos, como embalagens de lentes de contato, tampas de metal de bebida isotônica, placas de metal, pedacinhos de madeira etc.

Guizos: separe um pedaço de arame de aproximadamente 70 cm. Separe quatro a cinco guizos. Você pode usar tampinhas: martele cada uma delas até ficarem bem amassadas e fure com um prego uma das extremidades. Enfie o arame na argolinha de cada guizo ou no furo de cada tampinha, passando duas vezes o arame pelo buraco para fixá-lo. Deixe aproximadamente 10 cm de arame sem guizos ou tampinhas e feche o círculo. Em um pedaço de madeira de aproximadamente 10 cm, fixe com fita crepe o pedaço de arame sem guizos. Embrulhe com papel-alumínio esses 10 cm e envolva-o com linhas de várias cores, dando inúmeras voltas, até ficar bem firme (se você usar lã em vez de linha conseguirá deixar mais firme e macio). Esse será o lugar em que você segurará o guizo.

Pau de rumba ou clavas: serre dois pedaços de cabo de vassoura de aproximadamente 20 cm. Pinte-os e terá seu par de clavas.

⇨ O que desenvolvemos com esta atividade?

Imaginação – Criatividade – Atenção – Concentração – Percepção de timbres – Observação de fenômenos acústicos

7. CONSTRUINDO INSTRUMENTOS MUSICAIS – 4

Uma etapa anterior à construção do instrumento é a coleta e a organização do material a ser utilizado. O professor deve orientar as crianças em relação ao tipo de material que devem coletar, não se esquecendo de trazê-lo limpo e seco. Algumas sugestões de material:

- potes de iogurte, leite fermentado e similares
- latas de diferentes tamanhos
- garrafas de plástico e de vidro
- tubos de papelão (de papel higiênico, de papel toalha, de papel-alumínio etc.)
- caixas de papelão de diferentes tamanhos e mesmo de madeira
- conduítes e diversos tubos de plástico
- funis
- cabos de vassoura
- bambus e pedaços de madeira
- tampinhas
- diversos tipos de grão
- botões de diferentes tamanhos
- diferentes tipos de palito
- bexigas
- diferentes tipos de elástico

Por algumas semanas, o professor deve selecionar a sucata trazida pelas crianças, separando um lugar na sala para guardá-la e adotar um critério para a organização desse material, que deve ser guardado de forma prática, de fácil acesso e facilmente visualizado pelas crianças. De preferência, os materiais pequenos e em grande quantidade, como os grãos em geral, botões, palitos e pedrinhas, devem ser guardados em vidros transparentes, para que sejam facilmente localizados.

Os utensílios para a viabilização da confecção propriamente dita também devem estar organizados e em lugares de fácil acesso. São eles:

- linhas, barbantes, cordas finas
- arames, elásticos
- tesouras
- fita-crepe, durex e cola
- serrinhas, martelos, lixas, pregos e tachinhas
- papéis coloridos, tintas, pincéis

A preparação do material é imprescindível para o bom andamento desse tipo de trabalho. Com as crianças menores, que ainda necessitam da ajuda do professor nos momentos mais difíceis, ter um auxiliar na sala seria bem produtivo. Com as crianças maiores, o professor consegue desenvolver mais a função de orientador, deixando que elas mesmas se movimentem livremente, escolhendo o material, tentando solucionar os problemas e sendo responsáveis pela organização da sala para o início do trabalho. É lógico que essa independência deve ser concedida gradualmente, ao longo do próprio processo de trabalho.

Atividade

Construindo idiofones

- Escolha uma história que se passe em uma floresta. Conte a história, sonorizando-a, e utilize o pau de chuva na sonorização da paisagem sonora.

- Após a história, apresente o pau de chuva às crianças e deixe que cada uma toque-o e observe-o. Estimule a observação com perguntas como: *O que parece esse som pra vocês? É um som forte ou fraco? É contínuo? O que vocês acham que tem dentro? Por que será que os grãos não caem de repente mas, sim, devagarinho?*

- Proponha às crianças um teste: pegue um tubo de papelão (pode ser de papel-alumínio ou de papel filme), tampe uma das extremidades e coloque arroz. Tampe a outra extremidade e vire o tubo para cima e para baixo. Observe o que acontece com o som. O som produzido é igual ao do pau de chuva? Por que será que não ouvimos os grãos cair bem devagar como no pau de chuva?

- Pegue o pau de chuva novamente e mostre os pequenos preguinhos, entrelaçados uns aos outros, ao longo de todo o tubo, que fazem com que as sementes esbarrem enquanto caem e, caindo mais devagar, produzam essa sensação de continuidade sonora.

Pau de chuva: separe tubos de papelão de diferentes tamanhos, no mínimo de 60 cm (tente conseguir alguns bem grandes). Pregue ao longo de todo o tubo muitos preguinhos, alternando os lugares; o importante é que eles se cruzem no interior do tubo. Feche uma das extremidades com pano, papelão ou papel, tampa de plástico, o que tiver à disposição. Você pode escolher o que colocar dentro do tubo: arroz, pedrinhas, sementes, milho, lentilha, miçangas. O mais interessante é pesquisar as sonoridades diferentes conseguidas com cada material e escolher a que mais gostar, deixando a quantidade mais adequada de grãos para obter o resultado sonoro que achar mais bonito. Tampe a outra extremidade com um retalho de pano. Amarre com um barbante e depois tampe por cima do pano com um círculo de cartolina. Prenda por toda a volta com fita-crepe. Enrole lãs por todo o tubo ou pinte-o.

Reco-reco de lixa: separe dois blocos de madeira e dois pedaços de lixa. Cole uma lixa em uma das superfícies de cada bloco de madeira. Se quiser deixá-las mais fixas, prenda-as, com tachinhas, nas laterais do bloco. Raspe um bloco no outro ou raspe cada um com um lápis, ou com um palito de comida chinesa, ou mesmo com uma baqueta de madeira, e terá seu reco-reco de lixa.

Reco-reco: separe um pedaço de bambu de aproximadamente 30 cm. Com uma serrinha, faça cortes superficiais ao longo de todo o bambu. Raspe essa superfície com um palito de comida chinesa ou com uma baqueta.

⇨ O que desenvolvemos com esta atividade?

Atenção – Concentração – Imaginação – Criatividade – Observação dos fenômenos acústicos – Percepção dos parâmetros sonoros

8. CONSTRUINDO INSTRUMENTOS MUSICAIS – 5

A construção da maioria dos idiofones é simples e não exige grande habilidade motora. No entanto, dentro desse grupo encontramos também alguns instrumentos que exigem uma construção um pouco mais complexa, como os xilofones, os metalofones, os carrilhões e mesmo os pregofones.

Os xilofones e os metalofones, que são originados dos balafons africanos[54], são placas de madeira ou metal colocadas sobre uma caixa de ressonância, e essas placas possuem altura determinada, isto é, podem ser afinadas de acordo com qualquer escala. Esses instrumentos são muito utilizados nos trabalhos de educação musical, pois possuem características interessantes para uso didático: além da sonoridade muito peculiar e agradável, podemos reproduzir melodias sem a necessidade de uma técnica muito complexa, pelo menos em um primeiro contato.

Carl Orff (1895-1982), compositor e educador musical alemão, desenvolveu uma metodologia a

---

54 Os balafons africanos são instrumentos formados por placas de madeira, como os xilofones, metalofones e marimbas, mas possuem cabaças embaixo de cada tecla, que funcionam como caixas de ressonância, em vez de tubos ou de caixas de madeira.

partir da utilização da palavra, da dança e de arranjos de música folclórica para um conjunto de instrumentos de percussão em que os instrumentos de placa de madeira e de metal formam os naipes melódicos. Orff inspirou-se nos instrumentos de percussão da orquestra e nas marimbas africanas para os seus interesses didáticos. Os instrumentos desse naipe melódico são divididos de acordo com a tessitura, e Orff usou a nomenclatura de classificação das vozes em um coral para nomeá-los: glockenspiel (um metalofone muito agudo), xilofones e metalofones sopranos (os mais agudos), xilofones e metalofones contraltos (os médios) e xilofones baixos (os mais graves).

Os carrilhões e os pregofones são sem dúvida mais fáceis de confeccionar, pois não necessitam de afinação precisa ou mesmo da caixa de ressonância. Já os xilofones exigem maior precisão na construção da caixa de ressonância e das placas para a afinação desejada, seja ela a escala diatônica (dó, ré, mi, fá, sol, lá e si) ou qualquer outra que o professor desejar.

Atividade

Construindo idiofones

Pregofone: separe um bloco de madeira e vários pregos. Organize os pregos separando quatro a cinco de cada tamanho; procure conseguir quatro tamanhos diferentes. Pregue-os no bloco de madeira, criando uma "escala" do prego maior para o menor, ou ao contrário. Raspe com uma baqueta de metal ou mesmo utilizando um prego grande.

Durante a construção e mesmo depois, não esqueça de observar, com as crianças, as diferenças sonoras obtidas de acordo com o tamanho do prego. *Qual prego produz um som mais agudo? Por que será que ouvimos essa diferença de altura do som? Qual a relação com o tamanho dos pregos?*

Carrilhões: podemos construir carrilhões com diferentes tipos de material, como pedaços de pedra, placas ou tubos de metal, chaves, porcas, parafusos, canecas e latas. Amarra-se um fio no material escolhido (se preciso, fura-se ou simplesmente amarra-se o fio em uma das extremidades), pendurando-o em algum tipo de suporte, como um cavalete ou até mesmo um cabide.

Nos carrilhões com tubos ou placas de metal, podemos organizá-los do grave para o agudo e até mesmo afiná-los de acordo com alguma escala.

Xilofone: separe uma caixa de uvas e várias ripas de madeira. Ordene as ripas da maior para a menor, prendendo-as sobre a caixa. Toca-se com uma baqueta.

Xilofone: separe várias ripas de pinho de 2 cm de altura. Corte oito ripas com as seguintes medidas:

30 cm   – DÓ   26 cm – SOL
28,5 cm – RÉ   25 cm – LÁ
27,5 cm – MI   24 cm – SI
27 cm   – FÁ   22 cm – DÓ

Com um barbante fino ou uma borracha, amarre as ripas, da maior para a menor, em suas duas extremidades. Construa uma caixa de madeira na forma do esquema acima e pregue quatro pregos em cada um dos seus quatro vértices. Coloque as placas sobre a caixa de madeira e amarre as pontas do barbante nos pregos de cada vértice da caixa. Toque com baquetas no centro da placa.

Metalofone: a construção do metalofone segue os mesmos princípios da do xilofone (afinado ou não), e a única diferença encontra-se na utilização de placas de metal em vez de placas de madeira.

⇨ O que desenvolvemos com esta atividade?

Coordenação motora – Percepção de timbres e alturas diferentes – Imaginação – Criatividade

9. CONSTRUINDO INSTRUMENTOS MUSICAIS – 6

Neste texto apresentaremos os membranofones, instrumentos cujo som é produzido por uma membrana, que pode ser pele de animal, náilon ou acetato, esticada sobre uma caixa de ressonância.

Encontram-se no grupo dos membranofones todos os tipos de tambor: surdo, caixa, tamborim, pandeiro de pele[55], atabaque, tumbadora, bongô e tantos outros. Os tambores são um dos instrumentos mais primitivos que conhecemos, encontrados em diferentes povos e culturas, desde a pré-história, e despertam verdadeira paixão nas crianças.

Atividade

Construindo membranofones

- Pegue um tambor e passe pela roda, pedindo para cada criança tocá-lo. Passe uma segunda vez, propondo que cada criança busque um som diferente do som do colega, podendo usar qualquer parte do instrumento, raspando ou baten-

---

[55] Existem dois tipos de pandeiro: o de pele e o de aro. O de aro é considerado um idiofone, pois contém somente as platinelas, e o som é produzido agitando-se o pandeiro ou batendo o aro na palma da mão ou em alguma parte do corpo. O pandeiro de pele é um membranofone e, geralmente, é tocado percutindo-se a pele.

do com diferentes baquetas ou mesmo com as mãos. Explorem as várias possibilidades. Comente os diferentes timbres conseguidos.

- Chame a atenção das crianças para a maneira pela qual o som é produzido no tambor e para os materiais de que ele é composto. Se você achar adequado, pode retomar aquela experiência, citada na página 261, em que se coloca arroz sobre a pele do tambor para a percepção do fenômeno da vibração.

- Selecione vários instrumentos, incluindo os da família dos tambores (pandeiros, tamborins, atabaques, bongôs) e outros como guizos, triângulos, caxixis, paus de rumba, cocos, o que tiver disponível. Coloque-os no meio da roda e proponha às crianças que agrupem os mais parecidos com o tambor, os seus "irmãos" ou mesmo "primos", digamos assim. *O que é necessário para fazer soar um tambor: percutir, raspar, sacudir? O que um instrumento precisa ter para ser considerado "irmão" do tambor? Quantos desses instrumentos vocês acham que são da mesma família do tambor?*

- Toque todos os instrumentos agrupados na mesma família do tambor. Observe as diferenças e semelhanças em relação ao timbre do tambor.

- Após a atividade anterior, é interessante sintetizar as observações feitas pelas crianças e destacar as características de cada grupo estudado até então: os idiofones e os membranofones, instrumentos de percussão.

Tambor de bexiga: separe bexigas de vários tamanhos, latas de diferentes tamanhos, tubos de papelão ou PVC com diâmetro a partir de 8 cm e potes de cerâmica. Estique a bexiga na boca do objeto escolhido; se preciso, corte a bexiga, adaptando-a ao diâmetro do orifício. Prenda com fita-crepe por toda a volta e amarre com barbante. Decore, pintando ou colando papéis coloridos. Para tocar, a criança somente puxa a bexiga (a membrana). Lembre-se de observar as diferenças de altura (grave/agudo) entre os diferentes tambores confeccionados.

Tambor de pano: selecione alguns objetos para servir de corpo do tambor, como mencionamos acima. Corte um pedaço de pano com tamanho suficiente para tampar o buraco do objeto, assegurando-se de que sobrem pelo menos 5 a 10 cm, para que possa prendê-lo ao objeto. Coloque-o, bem esticado, sobre o corpo do tambor e amarre barbante por toda a volta. Passe cola branca no tecido, o qual, depois de seco, ficará endurecido como uma pele. Decore o tambor e... pronto! Você já poderá tocar!

Pandeiro de tampa plástica redonda de pote de queijo tipo requeijão: separe várias tampas plásticas redondas de potes de queijo tipo requeijão e tampinhas de refrigerante. Martele as tampinhas até ficarem amassadas e depois faça um furo, com um prego, no centro. Pegue a tampa plástica e faça três cortes na forma de retângulo com aproximadamente 7 cm por 1,5 cm, reservando um espaço na tampa para que você possa segurá-la. Coloque um prego sem cabeça no furo feito no centro da tampinha e prenda-o no corte em forma de retângulo que você fez anteriormente na tampa plástica. Decore o pandeiro e toque percutindo-o com uma baqueta ou simplesmente sacudindo-o.

Baquetas: tanto nos idiofones como nos membranofones, citamos a necessidade de utilizar baquetas. Você também pode confeccionar suas baquetas: separe diversas varetas de madeira; cubra uma de suas extremidades com algodão, fazendo uma bola; cubra essa bola de algodão com um pedaço de meia de náilon e amarre com barbante. Pode-se variar cobrindo o algodão com outro tecido flexível, como lã, linha de crochê, papel crepom etc. Existem também pequenas bolas de borracha com pequeno orifício, no qual você pode colocar a vareta de madeira, conseguindo uma baqueta de borracha.

⇨ O que desenvolvemos com esta atividade?

Atenção – Concentração – Imaginação – Percepção de timbres e alturas – Habilidade manual

10. CONSTRUINDO INSTRUMENTOS MUSICAIS – 7

Cordofones são os instrumentos cujo som é produzido pela vibração de cordas dedilhadas, puxadas, friccionadas ou percutidas. Entre os cordofones mais conhecidos temos: violão, banjo, cavaquinho, harpa, violino, viola, violoncelo, contrabaixo e até o piano.

O piano é um instrumento de teclado, mas, em relação a essa forma de classificação que parte da maneira pela qual o som é produzido, ele é um cordofone, pois é um instrumento de corda percutida por martelos.

A construção dos cordofones é um pouco mais complexa e exige uma habilidade maior. Se o professor trabalhar com grupos de faixa etária diferentes, poderá optar por deixar a cargo dos alunos mais velhos a construção dos cordofones e aerofones e para os menores os idiofones e membranofones. Mas, em algum momento, é interessante que organize uma mostra dos instrumentos para que todos tenham acesso aos quatro grupos de instrumentos confeccionados.

Existem algumas possibilidades de construir cordofones mais simples, tarefa também destinada às crianças menores, propiciando o contato com os princípios acústicos desse grupo de instrumentos.

Atividade

Construindo cordofones

- Com um violão em sala, proponha uma brincadeira que terá como objetivo obter o máximo de informações sobre um instrumento, somente através da observação tátil e visual, da seguinte maneira:

    - ✓ Na primeira etapa, passe o instrumento pela roda para que cada criança possa senti-lo, mas todas com vendas nos olhos.
    - ✓ Na segunda etapa, exponha o violão por alguns minutos para que todos possam observá-lo sem a venda, mas ainda sem tocá-lo. Deixe essa expectativa fazer parte da brincadeira. Nesses dois momentos todos devem ficar em silêncio, sem fazer nenhum comentário.
    - ✓ Na terceira etapa da brincadeira, você deve esconder o violão, e as crianças descreverão o violão através das sensações táteis e visuais.
    - ✓ Faça uma lista com todas as características do instrumento apontadas pelos alunos e

mostre no violão cada uma delas, aproveitando para dar os nomes corretos e chamar a atenção para as percepções de cada um.

Como ilustração, algumas observações[56]:

- tem fios que eu acho que se chamam cordas;
- tem um buraco;
- tem uns botões brancos na ponta;
- tem seis cordas;
- umas cordas são mais grossas;
- tem três cordas mais finas;
- a madeira é marrom, mas tem partes mais amareladas;
- é bem lisinho;
- é gelado;
- nas cordas a gente sente um pouco raspado.

Após essa etapa de observação, passe o violão para cada um tocar e descobrir sons diferentes.

É importante chamar a atenção das crianças para as diferenças de som, tanto de timbres como de alturas, obtidas quando tocamos em diversos lugares no mesmo violão: percutindo em lugares diferentes da caixa, tocando as cordas mais graves e mais agudas, escorregando o dedo pelo braço do violão em uma única corda, mexendo nas cravelhas

---

56 Essas observações foram feitas por crianças de sete anos, em 2003, na Escola Municipal de Iniciação Artística de São Paulo (EMIA).

e deixando as cordas mais ou menos esticadas. Enfim, explorem sonoramente o violão!

Caixa sonora: separe uma caixa de sapatos, elásticos, duas ripas de madeira que possuam a mesma largura da caixa e aproximadamente 2 cm de altura. Faça um furo oval na tampa da caixa. Cole um pedaço de madeira na tampa da caixa, no lado menor do retângulo, e depois cole outro pedaço de madeira no lado oposto. Estique os elásticos por cima da caixa e toque sua caixa sonora. Os pedaços de madeira têm a mesma função que os cavaletes do violão, isto é, suspendem os elásticos (cordas) para que estes possam vibrar sem encostar na caixa de papelão (caixa de madeira). O furo na tampa da caixa funciona da mesma forma que a abertura da caixa do violão, isto é, faz com que a vibração dos elásticos seja ampliada pela caixa, que, por sua vez, funciona como caixa de ressonância, como o corpo do violão.

Harpa de ouvido: separe um bloco de madeira não muito estreito, ganchinhos com cabeça em forma de argola e cordas de violão ou fios de náilon. Atarraxe os ganchinhos em uma das extremidades do bloco de madeira, devendo a quantidade de ganchos ser a mesma das cordas. No lado oposto, coloque a mesma quantidade de ganchos, alinhados com os anteriores. Amarre as cordas nos ganchos. Coloque o lado oposto do bloco de madeira encostado em seu ouvido e dedilhe as cordas. O seu ouvido funcionará como caixa de ressonância e ampliará a vibração das cordas.

Banjo-pote: separe um pote de plástico redondo (pode ser uma embalagem de queijo fresco ou um pote similar), um fio de náilon ou cordas de violão, uma ripa de madeira de aproximadamente 75 a 80 cm por 10 cm e ganchinhos. Pinte a ripa de madeira e o pote. Faça dois furos, um frente ao outro, perto da abertura do pote, que funcionará como caixa de ressonância, e coloque a ripa de madeira passando por esses dois furos, deixando uma parte maior da ripa em um dos lados para funcionar como o braço do banjo. No lado em que se encontra a parte menor da ripa, cole um pequeno pedaço de madeira no pote, para ter a função de cavalete. Atarraxe três ou quatro ganchinhos em cada extremidade da ripa de madeira e amarre os fios de náilon, que funcionam como cordas. O seu banjo está pronto!

⇨ O que desenvolvemos com esta atividade?

Imaginação – Criatividade – Percepção de timbres e alturas – Habilidade manual – Percepção tátil e visual

11. CONSTRUINDO INSTRUMENTOS MUSICAIS – 8

Neste texto abordaremos a construção do último grupo: os aerofones, instrumentos cujo som é produzido pela vibração do ar, soprando-se diretamente em um bocal ou utilizando palhetas ou foles.

Pertencem a esse grupo muitos instrumentos de sopro, como flautas, clarinetes, oboés, saxofones, trompetes e até a sanfona e o órgão de tubo. O caso desses dois últimos instrumentos é similar ao do piano: eles são instrumentos de teclado, mas são considerados aerofones por causa da produção do som pelo mecanismo do fole.

Existem diversas opções para sensibilizar a criança para o novo grupo de instrumentos antes da construção propriamente dita. Uma das possibilidades é oferecer a ela atividades que despertem sua curiosidade e desenvolvam a percepção das relações acústicas com os elementos sonoros.

As atividades com garrafas são bastante interessantes, devendo ser realizadas antes da construção dos aerofones. Elas possibilitam que os alunos entendam os princípios elementares desses instrumentos. O único inconveniente é que se faz necessário um pouco mais de paciência, uma vez que muitas crianças demoram para conseguir produzir som, uma vez que a embocadura não é tão simples. É bom lembrar também que o professor deve conduzir a atividade de tal forma que as crianças não soprem sem parar, pois esse sopro contínuo pode causar tontura.

Atividade

Construindo aerofones

- Separe garrafas iguais e bem limpas. Encoste os lábios em um dos lados do gargalo da garrafa e sopre. Perceba se o som produzido é igual em todas as garrafas.

- Coloque um pouco de água em uma das garrafas, sopre e compare o som produzido com a outra sem água. *O que aconteceu com o som? Qual garrafa produz o som mais agudo? Por quê?*

- Continue a experiência, colocando água nas outras garrafas e aumentando o nível em cada uma delas, gradualmente. Pinte o espaço vazio, sem água, em cada uma das garrafas. Sopre, ouça e compare o som produzido em cada garrafa em relação à altura (grave/agudo). Observe e pergunte, por exemplo: *O que acontece com o som quando colocamos mais água? Observem o tamanho do pedaço colorido de cada garrafa: o que podemos notar em relação a esta observação e o som produzido em cada uma delas?*

Após as observações das crianças, o professor pode sintetizá-las e mostrar a relação entre o tamanho do corpo do instrumento e a altura do som, inclusive em instrumentos convencionais, caso os tenha à disposição.

Canucone[57]: faça um cone de cartolina, deixando a abertura menor com o diâmetro de um canudinho. Pegue um canudinho, achate uma das pontas e corte um *v* de cabeça para baixo. Segure essa ponta, logo abaixo do *v*, com seu polegar e seu indicador, sem apertar muito, e coloque esse *v* na boca, segurando o canudinho levemente com seus lábios, e sopre com firmeza. Não deixe que o ar vá para suas bochechas e mantenha os lábios esticados. Ouça o som obtido. Coloque o canudinho na extremidade menor do cone, que deve encaixar-se muito justo na abertura dessa extremidade. O cone terá a função de ampliar o som produzido pela vibração das duas pontinhas do canudinho, que funcionam como uma

---

57 Esse nome foi inventado por um grupo de crianças de 9 e 10 anos da EMIA (Escola Municipal de Iniciação Artística de São Paulo), em 1991.

palheta dupla. Toque e compare com o som obtido antes da amplificação. Divirta-se!

Flauta de Pã: separe alguns tubos de conduíte ou bambus, fios de lã coloridos e epóxi. Corte os tubos ou os bambus, variando os tamanhos entre 10 e 20 cm e tampe uma de suas aberturas com massa de modelar ou epóxi. Coloque os tubos alinhados do maior para o menor, deixando as extremidades que não foram tampadas em linha reta, e amarre-os com os fios de lã. Para melhor fixar os tubos, em vez de passar os fios de lã em sua volta, comece passando os fios dessa forma: por cima do primeiro tubo e por baixo do segundo, por cima do terceiro e por baixo do quarto e assim por diante, repetindo várias vezes até amarrá-los bem. Depois de fixos, passe os fios quatro a cinco vezes por toda sua volta. Encoste a flauta em seu lábio inferior e sopre levemente. Observe as diferenças de altura entre os vários tubos e a relação entre o tamanho do tubo e a altura do som. Está pronta a sua flauta de Pã!

⇨ O que desenvolvemos com esta atividade?

Concentração – Imaginação – Respiração – Habilidade manual – Percepção da musculatura labial – Percepção de timbres e alturas

12. CONSTRUINDO INSTRUMENTOS MUSICAIS – 9

Construir instrumentos tem como finalidade despertar a curiosidade e o interesse das crianças pelos instrumentos convencionais, desenvolver habilidades perceptivas em relação aos fenômenos acústicos e aos parâmetros do som, mas também ser autor de um projeto, da ideia até o objeto em funcionamento, isto é, planejar o seu instrumento, produzi-lo e fazer música com ele.

Como conclusão do bloco Construindo Instrumentos Musicais, é imprescindível ressaltar a importância da última etapa desse processo, para que, dessa forma, o trabalho realmente se complete: a elaboração e o desenvolvimento de atividades que possibilitem o fazer musical com os instrumentos confeccionados pelas crianças.

É valioso para a criança fazer música com o que ela própria produziu. Para isso, temos várias possibilidades: improvisações, criação de histórias utilizando os próprios instrumentos como personagens, sonoplastia de alguma história, acompanhar canções, conjuntos instrumentais; enfim, qualquer atividade musical que utilize os instrumentos confeccionados pelas crianças.

Atividade

Improvisações

As diversas atividades de construção dos instrumentos evidenciaram a percepção dos parâmetros sonoros. Por isso é interessante que esse conteúdo seja a matéria-prima das propostas de improvisação.

O professor poderá selecionar qualquer um dos parâmetros do som como tema da proposta seguinte, mas como ilustração selecionamos a altura do som (grave/agudo):

- Proponha uma análise dos instrumentos confeccionados em relação a esse parâmetro sonoro.
- Classifique-os de acordo com esse critério, separando-os em três grupos: agudos, médios e graves.
- Proponha a realização de uma conversa entre esses grupos de instrumentos. Como estímulo dessa improvisação, você pode fazer um levantamento de possíveis ideias sobre o desenrolar dessa conversa. Por exemplo: *Quem começará a conversa? Será que todos falariam ao mesmo tempo? Tem algum momento em que isso pode acontecer? A conversa será amigável o tempo todo ou terá algum conflito? Como terminará*

a conversa: todos falando juntos ou cada um se despedindo?
- A partir dessas ideias, esquematize um roteiro com os principais pontos de referência.
- Se o grupo achar necessário, a improvisação poderá ser regida.
- Realizem a improvisação, gravem, ouçam, comentem.

Criação de histórias utilizando os instrumentos como personagens

Esta atividade é um exercício que conjuga elementos de teatro e música. A proposta é simples e exige bastante imaginação e fantasia. Existem algumas maneiras de conduzir a atividade. A seguir, citamos uma delas:

- Peça às crianças que imaginem a voz do seu instrumento e que mostrem o que construíram para toda a turma. Você pode estimular a imaginação dos alunos sugerindo que eles relacionem o instrumento com um personagem imaginário; por exemplo: *Dê um nome a ele. Esse personagem é gordo ou magro? É calmo ou nervoso? Ele gosta de falar muito ou é tímido? A voz é ardida ou suave?* Essas perguntas e outras mais que puder formular ajudarão as crianças a montar o seu personagem.

- Grave a voz de cada instrumento e ouçam posteriormente, reforçando as características apontadas de cada um.
- Depois de configurados os personagens, proponha a criação de uma história e estruturem os principais momentos em um roteiro.
- Realizem a história e, se possível, gravem em vídeo.
- Vejam e ouçam, comentem.

Sonoplastia de uma história

O professor deve escolher uma história que se adapte aos instrumentos construídos, isto é, que os sons produzidos por eles realmente consigam retratar sonoramente os momentos principais da história. Em seguida, algumas etapas básicas de sonorização:

- Apresentação da história.
- Levantamento dos sons mais evidentes.
- Realização vocal desses sons.
- Pesquisa de timbres e efeitos sonoros nos instrumentos disponíveis.
- Seleção dos instrumentos e efeitos sonoros para cada momento a ser sonorizado.
- Narração e realização da sonorização.
- Gravação e audição da história.

Acompanhar canções com os instrumentos construídos

É bem simples realizar essa atividade. Em geral ela já acontece espontaneamente entre as crianças, mas o professor pode ajudar na organização do grupo, escolhendo com as crianças a canção, os momentos em que os instrumentos vão tocar, determinando se o acompanhamento será no pulso ou no ritmo da melodia, caso a música tenha algum motivo rítmico marcante, se algum instrumento tocará somente esse motivo, enfim, compondo o arranjo com o grupo ou até mesmo, em algumas canções, trazendo o arranjo já pronto para execução.

⇨ O que desenvolvemos com esta atividade?

Imaginação – Criatividade – Improvisação – Percepção de forma musical – Percepção dos parâmetros sonoros

GLOSSÁRIO

Afoxé: instrumento de percussão feito com uma cabaça pequena, redonda, rodeada por contas ou miçangas. Toca-se apoiando o corpo do instrumento na palma de uma das mãos e girando o cabo preso na cabaça. O som é produzido pela fricção das miçangas na cabaça.

Altura: propriedade do som que, acusticamente, indica a frequência sonora e nos provoca a sensação de um som mais agudo (som "fino") ou mais grave (som "grosso").

Atabaque: a palavra tem origem árabe: *at-tabaq*, que quer dizer prato. O instrumento é de percussão e, normalmente, é tocado com as mãos. É um tambor em forma de cone coberto em uma das bocas por couro de boi, veado ou bode.

Cânone: forma musical na qual uma linha melódica é cantada ou tocada primeiro e, logo após, é imitada por uma segunda voz, ou mais de uma, que canta a mesma melodia, mas começa depois que a anterior começou. É como uma "corrida" na qual os corredores partem um após o outro e nenhum deles alcança o da frente.

Canto responsorial: canto de louvor em que uma pessoa canta uma frase sozinha e um grupo a imita.

Caxixi: instrumento de percussão que se toca chacoalhando. Proveniente da República dos Camarões, é um chocalho que tem a forma de uma pequena cesta de palha trançada com uma alça e recheado de sementes. No Brasil, é muito usado junto com o berimbau.

Compasso: divisão de uma música ou trecho musical em grupos regulares de pulsações. Partindo da percepção da pulsação, compasso é um agrupamento de pulsações que possuem um apoio regular, coordenando tanto o batimento como o ritmo. Por exemplo, se em determinada música ou trecho musical percebemos que as pulsações estão agrupadas de três em três, isto é, percebemos um pulso apoiado e dois sem apoio, regularmente dizemos que essa música ou trecho musical apresenta compasso ternário; se apresenta agrupamentos de pulsações de duas em duas, isto é, uma pulsação apoiada e outra sem apoio, o compasso é denominado binário. Os compassos são divididos na partitura a partir de linhas verticais desenhadas sobre o pentagrama.

Duração: é a característica do som relacionada ao seu maior ou menor prolongamento em um espaço de tempo, o qual nos provoca a sensação de um som mais curto ou longo.

Escala: é uma sucessão de sons com altura determinada organizados em sequência.

Escaleta *ou* **clavieta** *ou* **piânica:** é um instrumento de teclado e sopro. É composto por um teclado bem pequeno, duas a três oitavas, igual ao do piano com um orifício na forma de um bocal de flauta, através do qual a pessoa sopra enquanto pressiona as teclas do teclado para obter os sons. Surgiu nos meios educacionais, mas muitas vezes é utilizado por músicos profissionais.

Intensidade: é a propriedade do som que, acusticamente, indica o volume do som e provoca a sensação de um som mais forte ou mais fraco.

Maracá: instrumento de percussão indígena de formato globular. Esse chocalho geralmente é feito de cabaça, carapaça de tartaruga, ovos de ema etc., contendo em seu interior sementes diversas ou até pedrinhas. É encontrado também em vários países da América Latina.

Melodia: tem sua origem em duas palavras gregas: *melos*, que significa canto, e *ode*, uma série de sons com determinada ordem. Portanto, melodia é uma sucessão de sons com alturas determinadas que se relacionam reciprocamente.

Ostinato: é um breve trecho musical ou, como designamos, um motivo melódico-rítmico ou somente rítmico, que se repete por toda uma parte ou por toda a música.

Parâmetros sonoros: são as propriedades físicas do som, os elementos básicos que constituem o som.

Pau de rumba *ou* **clavas** *ou* **pauzinhos:** instrumento de percussão composto por dois pedaços de madeira que são tocados um contra o outro. Para amplificar o som, faz-se uma pequena concha com a mão que está segurando o pedaço de madeira horizontalmente que será percutido pelo outro pauzinho, na vertical. Como é presença marcante nos grupos musicais que tocam rumba, tem aí a origem de um de seus nomes.

Pulsação *ou* **pulso:** em eletrônica, pulso é um sinal com duração determinada com um valor constante por certo intervalo de tempo. Em música, também designamos pulsação ou pulso um determinado **tempo** regular que organiza o acontecimento sonoro, isto é, uma sequência de **tempos** iguais e regulares que sempre mantêm o mesmo andamento entre eles, como o pulsar do coração, o andar, a marcação dos segundos em um relógio. As músicas, em geral, têm um pulso norteador das diferentes durações dos seus ritmos.

Ritmo: a palavra deriva do grego *rhythmos,* que quer dizer algo que se move, que flui. Em música, está relacionado, também, à combinação de durações e intensidades diferentes de determinadas séries de sons.

Timbre: é a característica do som que nos permite identificar a fonte produtora do som. É como se fosse a impressão digital sonora de um instrumento, de um objeto sonoro ou de uma voz. Quando dois instrumentos tocam a mesma nota musical, ouvimos sons diferentes, pois distinguimos **timbres** diferentes.

Xilofone e metalofone: são instrumentos de percussão feitos de placas de diversos tamanhos que, percutidas com baquetas, produzem sons de alturas diferentes. De origem africana, são uma transformação dos balafons, que possuem cabaças embaixo das placas e não caixas de ressonância, como os xilofones e os metalofones. A única diferença entre os metalofones e os xilofones é que os primeiros possuem placas de metal e os segundos, de madeira.

***Wood block* ou bloco sonoro** é um instrumento de percussão composto de blocos ocos de madeira ou plástico e percutido por uma baqueta. Encontramos vários formatos de blocos sonoros: tubulares, esféricos, ovais ou em forma de caixa. Os blocos são ocos e possuem um furo para permitir a vibração de suas paredes; portanto, além de produzir o som, também funcionam como sua própria caixa de ressonância.

BIBLIOGRAFIA

ALMEIDA, M. B. de & PUCCI, M. D. *Outras Terras, Outros Sons*. São Paulo: Callis, 2002.

BRITO, T. A. *Música na Educação Infantil: Propostas para a formação integral da criança*. São Paulo: Peirópolis, 2003.

BRITO, T. A. *Koellreutter Educador – O humano como objetivo da educação musical*. São Paulo: Peirópolis, 2001.

DELORS, J. (org.) *Educação: Um tesouro a descobrir*. São Paulo: Cortez, 2004.

DUARTE JR., J. F. *Fundamentos Estéticos da Educação*. Campinas: Papirus, 1995.

GAINZA, V. H. *Estudos de Psicopedagogia Musical*. São Paulo: Summus, 1988.

GAINZA, V. H. *Pedagogía Musical: Dos décadas de pensamiento y acción educativa*. Buenos Aires: Lumen, 2002.

KOELLREUTTER, H. J. *Educação Musical Hoje e, Quiçá, Amanhã*. In: LIMA, S. A. (org.) *Educadores Musicais de São Paulo: Encontros e reflexões*. São Paulo: Nacional, 1998, 39-45.

NOVAES, I. C. *Brincando de Roda*. Rio de Janeiro: Agir, 1983.

OLIVEIRA, M. L. *Arte e Construção do Conhecimento na EMIA*. São Paulo: Casa do Psicólogo-FAPESP, 2006.

OSTROWER, F. *Criatividade e Processos de Criação*. Petrópolis: Vozes, 1978.

PENNA, M. *Música e Seu Ensino*. Porto Alegre: Sulina, 2008.

SCHAFER, R. M. *O Ouvido Pensante*. São Paulo: Unesp, 1991.

SCHAFER, R. M. *Hacia Una Educacion Sonora*. Buenos Aires: Pedagogías Musicales Abiertas, 1994.

SIMONOVICH, A. (org.) *Apertura, Identidad y Musicalización: bases para una educación musical latinoamericana*. Buenos Aires: Foro Latinoamericano de Educación Musical – Argentina Asociacion Civil, 2009.

SWANWICK, K. *Ensinando Música Musicalmente*. São Paulo: Moderna, 2003.

WILLEMS, E. *Educacion Musical: Guía Didáctica para el Maestro I*. Buenos Aires: Ricordi Americana, 1966.